擺脫
尷尬
並不難

吳馥寶，蕭勝平
—— 編著

只要笑話講不完

職業輻射法　　機智遊戲法　　童心稚語法
　　創意聯想法

幽默除了能言善道，再要讓人意想不到！

U0087568

目 錄

目錄

目錄

第九章　幽默七十變（二）

目錄

第十章　熟讀幽默三百篇

前言

在人際關係中，真正影響我們溝通行為的因素是幽默，因為幽默能帶給人很強的親和力。

幽默實在是一個好東西。在生活中遇到難題，如果來點幽默，難說它就迎刃而解了。

有時候，幽默是避免小事釀成大亂子的好手段。

一對年輕夫妻，結婚後經常吵架。在一次爭吵中，女人說：「天哪，這哪像一個家！我再也不能在這樣的家裡待下去了！」說完，她就拎著自己的箱子衝了出去。她剛出門，男人也叫起來了：「等等我，我們一起走！天哪，這樣的家誰能待得下去呢？！」男人也拎著自己的箱子衝了出來，趕上妻子，並把她手中的箱子接過來。結果他們不知道在哪兜了一圈，又一起回來了。正是這男人的幽默感挽救了這個家庭。

幽默的本質就是有趣、可笑和意味深長。幽默是人類智慧的結晶，是一種高級的情感活動和審美活動。幽默的作用不僅是讓人發笑，那只是它最膚淺的作用，其對於製造幽默的人作用更為強大。

幽默是一種個性的表現，能反映出你的開朗、自信和你的智慧，從某種意義上講幽默是你個人競爭優勢的一種手

前言

段，如吸引異性、得到更好的工作等等。

　　幽默是你化解痛苦的一種方法，當你有痛苦的時候，用幽默的方式去理解痛苦，你會得到更多正面的解釋，更容易了解痛苦的合理性，從而降低痛苦對你的負面影響。在心理防禦機制中，幽默化是一種高級的防禦方式。

　　幽默有利於你的身心健康，相聲中有云：笑，可以讓人清氣上升，濁氣下降，食歸大腸，水歸膀胱。笑不僅讓人心情舒暢，它還可以增強人的免疫力。幽默不僅讓別人發笑，同時也會給自己帶來很大快感。

　　幽默對人際交往大有好處，它會使你顯得更容易接觸，和你接觸很快樂，別人可以平視你而非仰視。通俗一點就是和你接觸不累。同時幽默可以化解人際矛盾。

　　幽默可以讓你更理性的處理問題，煩惱、痛苦、憂慮、緊張會影響你的思維，讓你不能全面的分析問題，而幽默恰恰可以化解這些負性因素。

　　哲人們說：「幽默的父親是智慧，母親是樂觀。」

　　願您笑口常開，多一點幽默。

第一章　幽默的人很可愛

第一章　幽默的人很可愛

幽默的魅力，仿若空谷幽蘭，你看不到它盛開的樣子，卻能聞到它清新淡雅的香味；幽默的魅力，又如美人垂簾，人不能目睹美人之芳華，卻能聽到美人的聲音，間或環珮叮咚，更引入無限遐思……

幽默是一種氣質，一種胸懷，一種智慧，一種人生態度，是人最可寶貴的內涵和品質。有幽默感的人是有福的，與有幽默感的人相處也是有福的。一樣的天空，一樣的大地，一樣的人生，幽默的人卻可以使天空更廣闊，大地更遼遠，生命更美好。也許可以這麼說：在一個人的個人修養與個人奮鬥裡，最需要早日獲得的就是幽默感。

▌笑聲是最動聽的音樂

世界上最美妙的聲音就是笑聲。它比任何音樂或娓娓俏語都美妙。誰能使他的朋友、同事、顧客、親人們發出笑聲，那麼，他就是在彈奏無與倫比的音樂。

在一列快速行進的地鐵車廂裡，一群因趕時間上班而不得不擠成一堆的人，心情都不大好。一個男人客氣地彎腰對身旁的一位女士說：「車廂真黑，請允許我為你找扶手吊帶吧！」

「不用了！」那位女士說：「我已經有扶手吊帶了。」

「那麼，請您放開我的領帶吧？」這個人氣喘吁吁地說。

　　女士不禁莞爾一笑，車廂裡的其他人的臉上也出現了笑容。列車載著一廂歡樂，一路高歌猛進。一張笑臉是如此可愛，能使人聯想到盛開的鮮花與火紅的朝陽，它可以給人溫馨和美的感受。笑可以使男人變得親切，使女人更加嫵媚。笑的魅力誘人，日常生活中不可或缺，就如同世界不能沒有陽光一樣。

　　在一個企業俱樂部的舞會上，有一個職員逗他偶遇的舞伴開心說：「你瞧一瞧那個老傻瓜，他就是我們的經理，我在一生中沒有看見過像他這樣的白痴。」

　　「您知道我是誰嗎？」女人問。

　　「還不了解。」

　　「我就是你們經理的妻子。」

　　「那你知道我是誰嗎？」男人問。

　　「不知道。」

　　「啊，這就謝天謝地啦！」

　　人總是處在一個不合理的世界，在任何意義上說來，人也很難擁有十全十美的人生。

　　夫婦倆一起去看美術展覽。當他們面對一張僅以幾片樹葉遮著的裸體女像油畫時，丈夫看了半晌也不想走開。妻子狠狠擰住丈夫吼道：「喂！你是想站到秋天，等到樹葉落下時才甘心嗎？」

崇高的夢想似乎包含著這幾樣東西：思想的簡樸性，哲學的輕逸性和微妙的常識，才能使這種合理的文化創造成功。而微妙的常識，哲學的輕逸性和思想的簡樸性，恰巧也正是幽默的特性，而且是非由幽默不能產生的。

▍幽默是高雅的藝術

幽默是高雅的藝術，它不一定會使你捧腹大笑，卻能引起莞爾微笑。在此，雅俗的區分是清晰的：愈幽而愈雅，愈露而愈俗，令人回味無窮的是上上品。

拿喝茶來說。在最好的茶的品類裡，無論是西湖龍井，還是鐵觀音、碧螺春，都是剛喝的時候好像不覺得有什麼特別的好味道，靜默幾分鐘後才品味出茶中「只可意會，不可言傳」的妙處。若有人因為鐵觀音的味道不太強烈，先加牛奶再加白糖，那只能說他不會喝鐵觀音。幽默雖然不必都是幽雋典雅，然而從藝術的角度來說，自然是幽雋的比顯露的更好。幽默固然可以使人雋然而笑，失聲哈哈大笑，甚至於「噴飯」、「捧腹」而笑，而最值得欣賞的幽默，卻是能夠使人嘴角輕輕上揚的微笑。

就品種而言，幽默和笑一樣豐富多彩，它有各式各樣的類型，善意的、冷酷的、友好的、粗魯的、悲傷的、感人的、攻擊性的、不動聲色的、含沙射影的、不懷好意的、嘲

弄的、挑逗的、和風細雨的、天真爛漫的、妙趣橫生的等等，這裡不論屬揶揄也好，屬嘲笑也好，充滿同情憐憫也好，純屬荒誕古怪也好，其意趣必須是從內心湧出，更甚於從頭腦湧出的。

嘲諷性幽默是幽默常見的品種之一。它是幽默家以溫和和寬厚的態度，對那類值得嘲諷的人或事所做的輕微的揶揄和批評。雖然荒誕不經，卻發人深省。

在卓別林（Charles Spencer Chaplin）主演的生活片中，主角長年累月在裝配生產線上擰螺絲，擰得太急了，竟擰到前面人的屁股而未察覺。編導運用「怪巧」的手法渲染畫面，造成情景幽默，以抨擊當時西方的勞動異化現象，令人忍俊不禁。

在生活中不乏巧妙運用幽默來表達失望感的例子。

有一位顧客對侍者說：「我有一套辦法，保證叫你多賣出三成的橙汁：你只需要把杯子倒滿。」

顯然，運用嘲諷性幽默的妙處在於，它能把一些足以損害我們的慣例和舉動的流弊暴露出來。

幽默家族的另一主流是詼諧性幽默。詼諧性幽默多出現在性格的幽默中，其表現方式是大智若愚的「拙巧」。這類幽默往往三言兩語，卻鞭辟入裡，讓人拍案叫絕。

一次，美國作家馬克‧吐溫（Mark Twain）收到一封信，信中問道：「聽說魚骨裡含有大量的磷質，可以補腦。那麼，

要想成為一個專家，就必須吃許多魚才行吧？你是否吃了很多魚？吃的是哪一種魚呢？」

馬克・吐溫回信說：「看來，你要吃一隻鯨魚才行！」

作家的回信幽默而含蓄有力。

還有一則故事，說一個文理不通的國王偏偏要顯露自己做詩的「才華」。

一天，國王寫了首詩要阿凡提品評，阿凡提掃了一眼說：

「陛下，即使您不寫詩，也不會被小看。您還是就做國王吧！」

國王大怒，令衛士將阿凡提關進了驢圈。一星期後，國王又寫了幾首詩，挑了一首得意之作，把阿凡提傳到殿前來品評。阿凡提看了一眼，轉身就走。

國王喝道：「到哪裡去？」

阿凡提深深施了一禮說：「到驢圈去，陛下。」

詼諧性幽默的特點很突出，即婉轉、裝痴、寓莊於諧。本身所含的「自嘲」色彩，使詼諧性幽默在社會中十分流行。

哲理性幽默一般被視為「幽默貴族」。它包括那些靈機一動的理智閃光，信手拈來的雋詞佳句，耐人尋味的諧趣珍聞。它代表一種樸實無華的「技巧」，蘊涵深奇，為人稱道。

幽默苑中另一生力軍 —— 逗趣性幽默，最受年輕人的青

睞。此類幽默格調上屬玲瓏剔透的「智巧」，它由奇顯巧，巧奇結合，在突轉中獲得強烈的喜劇效果，下面就是一例：

德國的郵費不斷上漲。報載小品文《情書》一則：

最親愛的麗娜：

如你所知，我愛你，而且狂熱地、永遠地、誠心誠意地愛著你。這一保證從 1983 年 8 月到 1984 年 8 月的期間內均有效，並可以隨情況變化而延長。為了節省開支，我不再給你寫信，吻你 365 次。

你的貝恩尼

有位演說家在演說中穿插了另外一個逗樂故事 ──

在一輛載滿旅客的公車後面，一位個子矮小的人在奔跑著。但是汽車仍在下坡路上高速前進。

「停下吧！」一位乘客把頭伸出窗子，對小個子喊道，「您追不上它的！」

「我必須追上，」小個子氣喘吁吁，「因為我是這輛車的司機！」

幽默形式和品種異彩紛呈，百花爭妍，表明人類的幽默藝術經久不衰，生命力旺盛。當我們為它的奇光異彩所吸引時，應該看到：一如世上絕大多數事物一樣，幽默也有不同品格，有的高貴文雅，啟人心智；有的低級庸俗，貽害青年。對發揮幽默力量者而言，理性的判斷透視是必要的。

▎做人因幽默而魅力四射

有幽默感,這句話可以認為是對人極高的讚賞,因為它不僅表示了受讚美者的隨和、可親,能為嚴肅凝滯的氣氛帶來活力,更顯示了高度的智慧、自信以及適應環境的能力。這樣的人,為人處世進退自如,可謂魅力四射。

幽默又像是石頭碰撞產生的火花,是瞬間的靈思,所以必須有高度的反應與機智,才能抓住幽默的裙裾,化解尷尬的場面,或者作為不露骨的自衛與反擊。

但是必須強調,幽默並不全是辛辣的諷刺,它或許帶有溫和的嘲諷,卻不刺傷人;它可以是以別人,也可以以自己為對象,而在這當中,便顯示出了幽默與被幽默的胸襟與自信。

在社交場合,說話帶些風趣和幽默,更能體現出一個人的修養和禮儀,也表示出其獨特的人格魅力。

譬如,在一次盛大招待宴會上,服務生倒酒時,不慎將酒灑到了坐在邊上的一位賓客那光亮的禿頭上。服務生嚇得不知所措,在場的人也都目瞪口呆。而這位賓客卻微笑著說:「老弟,你以為這種治療謝頂的方法會有效嗎?」

會場中的人聞聲大笑,尷尬場面即刻打破了。借助「自嘲」,這位賓客既展示了自己的大度胸懷,又維護了自我尊嚴。

美國第 6 任總統,亞伯拉罕‧林肯(Abraham Lincoln)也是一個善於運用幽默化解尷尬的高手。

有一次，林肯正在演講時，一個青年遞給他一張紙條。林肯打開一看，上面只有兩個字：「笨蛋」。

林肯的臉上掠過一抹不快，但他很快便恢復平靜，笑著對大家說：「本總統收到過許多匿名信，全都只有正文，不見寫信人的署名；而今天正好相反，剛才這位先生只署上了自己的名字，卻忘了寫正文。」

有時，身邊的人提出一些你無法接受的要求，假若生硬地拒絕，就容易傷害彼此之間的感情，而運用幽默，則能使人避免這樣的情況發生。

古希臘哲學家蘇格拉底（Socrates）的妻子贊西佩（Xanthippe）是個有名的潑婦，常作河東獅吼。傳說蘇氏未娶她之前，已聞其潑婦之名，然而蘇氏還是娶她。他的解嘲方法是說娶老婆有如馴馬。馴馬沒有什麼可學，娶個潑婦，於修身養性的功夫卻大有補助。有一天其妻吵鬧不休，蘇氏忍無可忍，只好出門。正走到門口，他太太由屋頂上倒下一盆水來，正好澆在他的頭上。蘇氏說：「我早曉得，雷霆之後必有暴雨。」真虧得這位哲學家雍容自若的態度。

其實，幽默並不只是男人的專利，只要掌握適度，女性也不妨在適當的時候「幽默一把」。

在公開社交場合，恰當的幽默猶如金蘋果落在銀盤子中，能使你魅力倍增。有一位叫阿麗的女孩，為人性情開

朗、正直、幽默，許多人被她的幽默所吸引，感受到了她的魅力。

有一次，阿麗參加同學聚會，和同學們回憶著大學時代的美好生活。不料有位同學一不小心將一盆水打翻，全灑在了阿麗的腳上，把她那雙新皮鞋潑溼了。主人不知所措，顯得十分尷尬。

阿麗卻從容鎮定地說：「一般正常情況是洗腳之前先脫鞋。」

一句話，使滿屋的人都笑了起來，難堪的氣氛也一掃而光，大家更加佩服阿麗了。

能夠幽默者大多有寬闊的胸襟與練達的智慧。

有一次，俄羅斯大文豪托爾斯泰（Leo Tolstoy）去火車站迎接一位來訪的朋友。在站臺上，他被一個剛下車的貴婦人誤認為是搬運工，便吩咐托翁到車上為她搬運箱包。托翁毫不猶豫照辦了，貴婦人付給了托翁 5 個戈比。此時，來訪的朋友下車見到托翁，趕忙過來和他打招呼，站在一旁的貴婦人才知道這個為她搬行李的人竟是大名鼎鼎的托爾斯泰。貴婦人十分尷尬，頻頻向托翁表示歉意並請求收回那 5 個戈比，以維護托翁的尊嚴。不想托翁卻表示不必道歉，和藹地對貴婦人說，無需收回那 5 個戈比，因為那是我應得的報酬。

雙方的尷尬頓時化解在輕鬆的歡笑聲中。

越是豁達、自信的人，越是富有幽默感；越是自卑、自閉的人，越難以容忍幽默的存在。無趣的人並不一定是沒有幽默的智慧，而是沒有幽默的胸襟；不是因為強烈的自尊，而是因為色屬內荏的自卑。所以，幽默感應該是健全人格的重要條件。

▌馬克·吐溫很幽默

一位百萬富翁的左眼已壞，花很多錢裝了一隻很好的假眼。乍一看，誰也不會認為是假的，富翁很得意。有一次，他碰到馬克·吐溫，問：「你看我哪一隻眼睛是假的？」

馬克·吐溫指著他的左眼說：「這一隻。」百萬富翁十分驚異：「啊，你怎麼知道的？根據是什麼？」馬克·吐溫回答說：「我看，你的這隻眼睛裡還有一點慈悲。」

一次，馬克·吐溫與摩門教徒爭論一夫多妻制。

「一夫多妻，太不好了，連上帝也反對。」馬克·吐溫堅持說。

教徒問：「你能從《聖經》中找出一句反對一夫多妻制的話來嗎？」

「當然可以，」馬克·吐溫一本正經地說，「《聖經》曰：『一僕二主，人皆莫能也』。」

有一位牧師在講壇上說教，馬克·吐溫討厭極了，有心

要和他開一個玩笑。

「牧師先生，你的講詞實在好得很，只不過我曾經在一本書上看見過，你說的每一個字都在上面。」

牧師不高興地說：「我的講詞絕非抄襲！」

「但是那書的確是一字不差。」

「那麼你把那本書借給我看看。」

到了家，馬克·吐溫寄給他一本書 —— 字典！

有人向馬克·吐溫討教，想知道是否有什麼專治一見鍾情的方法。

「有哇，」馬克·吐溫肯定地回答，「只要再細看一次就行了。」

馬克·吐溫的一位朋友，讀了馬克·吐溫的許多短篇小說之後，也動筆寫起短篇小說來了。他不停地寫呀寫，總是沒有發表。可是像出奇蹟似的，其中有一篇終於問世了。

欣慰的朋友忙將此事告訴馬克·吐溫，他得意洋洋地說：「小說也並不難寫。」

馬克·吐溫環顧一下四周，湊到那位朋友耳邊故作神祕地說：「可能你已經到了頂峰！」

馬克·吐溫曾在聖弗蘭西斯克《呼聲報》編輯部任職，在那裡工作六個月之後，突然被總編炒了魷魚。

總編解釋說：「因為你太懶，而且一點也不中用。」

馬克·吐溫笑著答：「啊，你真蠢得可以了，你要用六個月時間，才曉得我太懶而不中用，而我是進來工作那天便知道你了。」

馬克·吐溫的心不在焉，早已聞名了。一次，他乘火車，正趕上列車員查票。馬克·吐溫翻遍了自己的口袋也沒有找到。

這時，列車員已認出了這位大作家，說：「不要緊，你回來時給我們看看就行了。」

「怎麼不要緊，必須找到這張該死的車票，否則，我怎麼知道我將到什麼地方去呢？」

馬克·吐溫有一次到某地旅店投宿，朋友事前告訴他此地蚊子特別厲害。他在服務臺登記房間時，一隻蚊子正好飛來，馬克·吐溫對服務員說：「早聽說貴地蚊子十分聰明，果然如此，它竟會預先來看我登記的房間號碼，以便晚上對號光臨，飽餐一頓。」

服務員聽說不禁哈哈大笑，出人意料的是這一夜馬克·吐溫睡得很好，蚊子沒有光臨。因為服務員也記住了房間號碼，提前進屋做好滅蚊防蚊的工作。

有一次，馬克·吐溫向鄰居借閱一本書，鄰居說：「可以，可以。但我定了一條規則：從我的圖書室借去的書必須當場閱讀。」

一星期後，這位鄰居向馬克‧吐溫借用割草機，馬克‧吐溫笑著說：「當然可以，毫無問題。不過我定了一條規則：從我家裡借去的割草機只能在我的草地上使用。」

馬克‧吐溫一天在美國里奇蒙，抱怨自己的頭痛。當地的一個人卻對他說：「這可能是你在里奇蒙吃的食品和呼吸空氣的緣故，再也沒有比里奇蒙更乾淨的城市了，我們的死亡率現在降低到每天一個人了。」

馬克‧吐溫立即對那人說：「請你馬上到報館去一趟，看看今天該死的那個人死了沒有？」

一天，馬克‧吐溫聽見別人正在談論夢遊症，在談話的人當中，就有一個夢遊症患者。

「我有辦法對付這種病。」馬克‧吐溫說。

「你快幫幫忙，給我治一下！」那人懇求道。

「必須買一盒圖釘，睡覺之前撒在床邊的地毯上。」

▌以為自己死了的蕭伯納

美國的作家馬克‧吐溫很幽默，但英國作家蕭伯納（George Bernard Shaw）也不惶多讓，把幽默玩得風生水起。

有一次，蕭伯納脊椎骨有毛病，需要從腳跟上截一塊骨頭來補脊椎的缺陷。

手術做完以後，醫生想多撈點手術費，便說：「蕭伯納先

生，這是我們從來沒做過的新手術啊！」

蕭伯納笑道：「這好極了，請問你打算付我多少試驗費？」

一位商人收集了不少抽象派畫家的畫，臨死前他想把這些畫捐送給一個團體以便留名於後世，於是向蕭伯納求教。

蕭伯納看了這些畫後對那位商人說：「我想，把它們送到盲人院去最合適了。」

一個大腹便便的富翁，在街頭花園，遇見正在散步的蕭伯納，便取笑說：「一見到你，我就知道世界上正在鬧饑荒。」

蕭伯納這個有名的瘦子聽了富翁的話後，若有所悟地說：「一看到你這個樣子，我就找到了世界上正在鬧饑荒的原因。」

一個鞋油廠的老闆，想了一個發財的點子，他請求蕭伯納，允許用蕭伯納的名字作為一種新鞋油的商標名稱。

老闆對蕭伯納說：「如果你同意這樣辦，世界上千百萬人都會知道你的大名了。」

蕭伯納笑著說：「不，也有例外。」

老闆愣住了。

蕭伯納接著說：「你忘了沒鞋穿的人了！」

有一天，蕭伯納收到一份有錢人寄來的大紅請帖：「某女

第一章　幽默的人很可愛

士將在星期二的四時到六時在家恭候。」

蕭伯納退回原帖，並在底下注了一筆：「蕭伯納先生同日同時在家恭候。」

蕭伯納喜歡花卉。一位朋友來到他的住所，發現他屋內只有幾個作為裝飾品的花瓶，便問他：「我一向認為你是愛花的，沒想到你屋裡連一朵花也找不到。」

蕭伯納立即回答說：「我也喜歡兒童。但是，我並不把他們的頭割下來供養在花瓶裡。」

1925 年，瑞典學會推舉蕭伯納為當年的諾貝爾文學獎獲得者。

蕭翁畢生作品甚多，唯獨 1925 年沒有發表什麼作品。因此當他被告知獲獎一事時，蕭伯納則幽默回答：「那一定是獎勵我這一年沒有寫東西吧！」

舞后鄧肯（Isadora Duncan）向蕭伯納示愛：「如果我們結婚，孩子一定會像我這麼漂亮，像你那樣聰明。」

蕭伯納幽默地說：「要是正相反，長得像我這般難看，腦子卻像你一樣糊塗，那該怎麼辦？」

1933 年，蕭伯納到中國遊歷，魯迅、蔡元培等人與他在宋慶齡家裡歡聚。飯後，大家到花園去散步。

這時，柔和的陽光照在蕭伯納的銀鬚上，蔡元培先生對蕭伯納說：「蕭翁，您真有福氣，在上海看見了太陽。」

　　蕭伯納聽後微笑著說：「不，這是太陽的福氣，可以在上海看到蕭伯納。」

　　蕭伯納 70 歲生日那天，英國許多報紙登了他的照片。

　　他見報後風趣地說：「我早上起來，一見這麼多報上有我的照片，還以為我死了呢！」

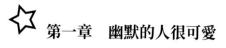

第一章　幽默的人很可愛

第二章　幽默與人脈

第二章　幽默與人脈

　　湯瑪斯‧卡萊爾（Thomas Carlyle）曾說：「你的幽默是你以愉悅表達自己的方式。它表達的是你的真誠、善意和愛心。」

　　會心一笑，可以迅速縮短人與人之間的距離，可以說，幽默是比握手更文明的一大進步。原始人見面握手，是表示他們手上不帶武器；現代人見面握手，是表示我歡迎你，並尊重你。以幽默來打招呼，則是有力地表示我喜歡你，我們之間有著可以共享的樂趣。

　　甚至在相當嚴肅的外交場合，幽默也可以緩解過於緊張的氣氛。

　　法國已故總統戴高樂（Charles de Gaulle）在會見某國總統時，還沒有握手就說：「啊，原來我的個子還沒有你高，怎麼樣，當總統的滋味如何？」

　　那位總統有點拘束，說：「你說呢？」

　　「不錯，像吃了火藥一樣，總想放炮。」

　　一番對話使兩位總統間的猜疑、戒備之心頃刻瓦解。

　　幽默大師林語堂甚至說：「在第二次世界大戰前，如果各國都派幽默高手來談判，那就可以避免第二次世界大戰的發生了，因為各國都在嘲笑自己國家的缺點。」

　　幽默是一種智慧的表現，具幽默感的人到處都受歡迎，可以化解許多人際的衝突或尷尬的情境，往往能使人怒氣難生，化為豁達，亦可帶給人快樂，難怪有人說笑是兩人間最短的距離。

▌成功屬於人脈高手

彷彿一條看不見的經脈，又彷彿一張透明的蜘蛛網，用「人脈關係網」五個字來形容人與人之間錯綜複雜的交際關係最為傳神。

從一定意義上說，這個世界一切與成功有關的「好東西」，都是給人脈高手們準備的。人脈高手可以左右逢源，四通八達，對於他們而言，沒有過不去的河，也沒有翻不過的山。他們的人脈，像一條巨大的章魚那深不可測的觸鬚，幽幽發出了它示好的信號，從容穿過那些七折八轉的甬道，獵取到自己的獵物。

而那些不注重經營人脈的人，總是處處碰壁、事事難成。他們最後將人生的種種不如意，都歸罪於缺少機遇或者個人能力不足。他們不知道，在很多時候是別人幫你創造了機遇，能力的不足也可以靠借助他人的力量來彌補。因此，這類人其實是輸在人脈上。

卡內基（Dale Carnegie）在研究成功學時，得出一個結論：一個人的成功，有85%取決於人脈構建與經營的狀況。每個人都生活在盤根錯節的人脈關係網中，要想生活充滿樂趣、事業一馬平川，誰也離不開他人的幫助與扶持。

卡內基的結論現在已經廣為人知，但所謂「知易行難」，真正在人脈經營上表現出色的人並不多。

▍把快樂傳遞給他人

　　笑和幽默是人類獨有的特質。幽默是一種智慧的表現。具有幽默感的人無論是到何處都受歡迎，它可以化解許多人際的衝突或尷尬的情境，能使人的怒氣化為豁達，亦可帶給別人快樂。所以人們說：「笑是兩人間最短的距離」。

　　一個善於說笑與幽默的人，常給朋友帶來無比的歡樂，也會在人際交往中增加魅力，備受大家歡迎。一般來說，一個人在談吐中儀態自然優雅、機智詼諧、樂觀風趣、懂得自嘲、引人發笑，我們可以說他是個具有幽默感的人。而在交談中能善用比喻，將有趣的故事導入主題，則更能令人印象深刻。

　　人脈是我們生活中的重要組成部分，它包括的面十分廣泛，如上下級關係、同事關係、父子關係、夫妻關係、親戚關係、弟兄姊妹關係、同學關係、師生關係等等。在人脈中，從來都是幽默者大顯身手的地方。一個人妙語連珠、談笑風生，很容易與對方接通感情的熱線。當人們發生誤會j摩擦、矛盾時，只有那些缺少幽默感的人，才會把事情弄得越來越僵；而如果當事人具有一定的幽默感，就會機智而又有分寸地指出別人的缺點，在微笑中表明自己的觀點，誤會很快就被消除，矛盾得到緩和。可以說，幽默風趣是調節人脈的味精，是人與人交往中的潤滑劑。

　　緊閉的車廂中，悶熱加上飢餓，汗水和焦躁呈現在每個人的臉上，抱怨聲此起彼落，車廂中除燥熱不安外，又變得嘈雜紛亂。

　　突然，又傳來一聲小女孩的尖叫：「媽，弟弟咬我 ——」眾人緊繃的神經，不由得繃得更緊了，準備接受連珠炮似的母親責罵聲。

　　在一瞬間的沉靜當中，只聽到溫柔的聲音響起：「喔，從你手臂上的齒痕看來，弟弟是真的餓慌了。再忍耐一下，等火車靠站，媽媽買東西給你們吃，好嗎？」

　　車廂內霎時變得清涼了許多；乘客焦慮的臉上，也多了一絲甜甜的笑容。

　　幽默不一定是令人捧腹的笑話，有時一個眼神、表情，一句簡短的提醒，就能達到極度幽默的效果。好的幽默，帶有溫馨與關懷且令人微笑。

　　快樂如香水，灑出去的同時你身上也會香氣襲人。一個傳播快樂的人，一定是一個有吸引力的人。

▎幽默是最好的見面禮

　　交友難，其實難就難在交友的方法上，幽默交友不失為一種有效的方法。陌生的朋友見面，如果幽默一點，氣氛將變得活躍，交流會更順暢。

　　著名國畫大師張大千與著名京劇藝術大師梅蘭芳神交已久，相互敬慕。在一次張大千舉行的送行宴會上，張大千向梅蘭芳敬酒，出其不意說：

　　「梅先生，您是君子，我是小人，我先敬您一杯！」

　　眾人先是一愣，梅蘭芳也不解其意，忙問：「此語做何解釋？」

　　張大千朗聲答道：「您是君子 —— 動口；我是小人 —— 動手！」

　　張大千機智幽默，一語雙關，引來滿堂喝彩，梅蘭芳更是樂不可支，把酒一飲而盡。

　　大多數人都有廣交朋友的心，苦的是沒有行之有效的方法，如果我們能像張大千一樣，注意感受生活，勤於思考，有一天我們也會變得和他一樣幽默風趣，到那時候，對我們來說世界就不再是陌生的了，因為陌生人也會樂意成為我們的朋友。

▍幽默是友誼的強力膠

　　一位畫家大病初癒，消息傳到作家朋友那裡。作家連忙寄了一件禮品給畫家，以示關心與祝福。畫家打開裹了一層又一層紙的禮品，最終露出禮品的真面目：一塊普通平凡的石頭。在這塊石頭上，刻著一行字：「聽到您身體康復的消

息，我心頭的石頭終於落了下來！」畫家哈哈大笑，將這塊普通平凡的石頭視若珍寶。

幽默，實在是增進友誼的強力黏合劑。

一個男人對一個剛剛相遇的朋友說：「我結婚了。」

「那我得祝賀你終於找到了愛的歸宿。」

「可是又離婚了。」

「那我就更要祝賀你了，你又重新擁有了一片森林。」

朋友間往往無話不談，因此能夠產生幽默的話題也很多。

有兩位朋友閒著沒事互吹自己的祖先：

一個說：「我的家世可以遠溯到英格蘭的約翰國王。」

「抱歉，」另一個表示歉意說，「我的家譜在大洪水中因來不及搬上諾亞方舟而被沖走了。」

說完之後，兩朋友撫掌大笑。

▌為善意的批評披件幽默的外衣

整天嘻嘻哈哈廝混在一起的朋友，是「昵友」（按西晉蘇浚的分類法，符合「甘言如飴，遊戲征逐」）。一個有智慧的、幽默的人，不應該追求或滿足於成為他人的「昵友」，而應該在朋友有錯誤時指出來，做朋友的「畏友」（即「道義相抵，過失相規」）。然而，有很多人是不願意成

為「畏友」，究其原因是害怕因批評而引起對方的不快，進而引起彼此關係的裂痕。這種擔心不無道理。但你若坐視朋友錯下去，等朋友陷得難以拔足時醒悟，估計你們的友誼也就走到了盡頭。

因此，該指出來的還是要指出來，該批評的還是要批評。只是，其方式不妨柔和一些、含蓄一些、有趣一些——這些正是「幽默」的拿手好戲。

中藥與西藥的口服劑，因為味苦，大多裹上了一層糖衣，以利於患者口服。現代生活中的幽默也同樣可以起著包裹「良言」的糖衣效用。人們用幽默來表達嘲諷、批評的意味就是生活的一種藝術，是人際關係和諧的需要。

對方錯了，我們就應讓對方改正，但是如果方法過激，可能會讓對方臉上掛不住，惱羞成怒的人會更加堅持自己的錯誤，於事無補。所以，聰明的人會選擇幽默的語言提醒對方，給對方留下面子。這是因為，笑是最能解嘲的東西，在哈哈大笑中，頑固的人也會變得可愛。

某青年拿著樂曲手稿去見名作曲家羅西尼（Gioachino Antonio Rossini），並當場演奏。羅西尼邊聽邊脫帽。青年問：「是不是屋內太熱了？」羅西尼說：「不，我有一個見到熟人就脫帽的習慣，在你的曲子裡，我碰到的熟人太多了，不得不頻頻脫帽！」

青年的臉紅了，因為羅西尼用幽默的方式委婉道出了抄襲別人作品的事實。

運用這種表達方式，既可以用委婉含蓄的話烘托暗示，巧用邏輯概念，對談判對手進行批評、反駁，又可以保證雙方的關係不至於因批評、反駁而馬上變得緊張起來。

我們批評別人，一般是出於讓對方改善的動機。不論批評的對象是親朋、同事、下屬、陌生人，我們都應注意不刺傷對方的自尊心，這樣便不可能遭人記恨，即使對方是個豁達的人，也難免會影響與其日後的關係。

用幽默的口吻去批評，就會最大限度地減輕批評的負面效應。運用幽默的語言可以把說話者的本意隱含起來，話中有話，意在言外。

運用幽默的願望並不是成人的專利，孩子們對幽默力量的運用，有時也能收到很好的效果。

以圓滑的技巧表達批評，幽默是個不錯的選擇，既能指出對方的錯誤，又能最大限度地保全對方自尊。

第三章　用幽默征服戀人

如果《西遊記》裡的四大主角 —— 唐僧、孫悟空、沙和尚、豬八戒，都向你（限女生）求愛，你會選誰作為「真命天子」？

據說，上述趣味調查曾以問卷形式進行過，其結果讓調查組織者大跌眼鏡：豬八戒的得票竟然遙遙領先！

問那些選豬八戒為「真命天子」的女生的理由，無非是「有趣」、「幽默」。看來，外表乏善可陳、性格缺陷不少的豬八戒，只是略微祭起「幽默」的法寶，就把溫文儒雅的師父唐僧、神通廣大的強人孫悟空、忠厚老實的沙和尚，一個個打得趴地不起。

女人笑了，男人就有戲了。正所謂：我不打你不罵你，我用幽默征服你。幽默的法力如此之大！帥哥靚妹們小心了，沒有幽默感，你們連豬八戒的魅力都不如；長相平凡的年輕人、小妹妹們用心了，練就一身幽默絕學，萬花叢中任你遊！

有個女孩要結婚了，一向交友廣闊的她，在身邊眾多男子中選擇了阿濤作為交換婚戒的對象。得知這個消息後，她的幾個死黨大感詫異，因為阿濤既不是她最帥、也不是她最有錢的男友。

為什麼是他？

她的嘴角向上揚起：「簡單，因為他最能讓我笑！」

原來如此！他是以幽默感贏得了美人芳心，笑出婚姻，的確精彩。

那些在女人面前很「吃得開」的男人，不管長相如何，都有一套逗人發笑的本領。只要一與這種人接近，就可以立即感受到一股快樂的氣息，使人喜歡與他為友。一個整天板著面孔，不苟言笑的「老古板」，是絕對不會受到女孩子們歡迎的。不少情感心理學研究者認為，男人由於平時比女人話少，所以，男人的語言的份量就更被女人所注意。不少男人也正是利用幽默的手段來填補自己語言的匱乏，所以，他的魅力便永駐於人們對他的幽默的回味之中。

▌馬路式求愛

一位男生看上了藝術系一位漂亮的女孩，但卻不知道她的名字，也一直苦惱沒有機會與她搭訕、接觸。

有一次，機會終於來了，他經過女孩教室的走廊時，從窗口看見那位女孩，終於情不自禁走進教室。

他有點緊張地向這位女孩開口問道：「經常在校園見你，請問你叫什麼名字？」

那女孩望著這個唐突的男孩，狡黠地回答：「我叫泡麵啊！」

她顯然不想報上真名，但這位男生沒有氣餒，他紅著

臉，「噢」了一聲，說：「那太好了，我叫白開水。」

白開水？白開水不是「泡」泡麵的嗎？這小予想「泡我」？女孩有點反感，但還是露出燦爛的笑容。

後來，這位「白開水」真的泡到了「泡麵」，這就是幽默的奇異效果。

暗戀一個人，是一種溫柔而又甜蜜的痛楚。如何將痛楚早日卸去，留下溫柔與甜蜜，是擺在暗戀者面前的一道難題。不是有歌唱：「我愛你愛你卻難以開口，只好偷偷走在你身後。」

向異性表白時，許多人最慣用的辦法是預先設計的程式、語言；有些甚至提前準備一張紙條，見面之後塞給對方了事。這種辦法在多數情況下效果並不理想，因為我們根本就無法預知實際的情形：在怎樣的場合、還會有誰在場、對方會是什麼態度、說什麼話等等。而幽默的使用是不需要預先定的，它總是敏感捕捉現場訊息，並引而申之，產生幽默效果，逗對方發笑。

因此，看到心儀的白雪公主或白馬王子，你若沒有那位泡「泡麵」的「白開水」先生的機智與運氣，最好先透過搭訕這一方式，和對方接上頭再說。

與心儀的異性搭訕，第一句話最難說。即使是平日善於言辭的人，也為自己結結巴巴、詞不達意而犯愁。這大概跟

緊張有關。心理學研究表明，緊張的情緒會導致大腦思維停滯，而外在的語言必然要受到此種思維狀態的影響。有人也許會說，你不要緊張不就完了嗎？而實際上，不緊張是不可能的，這就是人的心理難以踰越的障礙。這種情況下，如果能借用幽默達到搭訕、交談的得體順暢。

那麼，在這種情勢下如何使用幽默呢？首先存在一個勇氣的問題，你不能被漂亮女孩（帥氣的男孩）的傲氣嚇得手足無措，要盡量保持一顆平常的心，把對方看作是很隨便的一個人，走近對方，和對方搭話。然後，盡可能地利用一切可見的情景，可捕捉到的任何一絲線索幽默一下，跟她開個玩笑。俗話說：「笑了，事情就好辦了。」如果對方露出笑容，那下一步就容易了。

青年朋友們在涉足愛河之初，最好先訓練一下自己的幽默才能，這與打扮自己同等重要。有的朋友可能誤以為幽默是先天的稟賦與後天學習無關。其實不然，氣質很大程度是先天稟賦，而幽默更多的則是一個方法問題，所以主要依靠後天的訓練。近年來，已有許多人致力於總結幽默規律，探索幽默方法的工作，這方面的書刊已經不少，只要留心學習，隨時總結並運用，會收到相應成效的。另外，還要多讀多講幽默故事，讓自己的心理意識接受並習慣幽默。只要成了幽默高手，那麼相應的也會成為戀愛高手的。

丟掉矜持，帶上幽默，勇敢地走近你的戀人吧！畢竟機不可失，緣不再來，別讓錯過成為你一生的悲哀！

▋如何回答女友的詰問

回答女人的詰問需要一定的幽默，女人的問題五花八門，你可得有足夠的心理準備。女人比男人多心的一個明顯的表現，就是她們總有許多問題需要男人明確表態，予以正面回答。戀愛中的女孩常常需要男友發表對自己的感覺，對自己家人的印象與評價，以及對未來的承諾；婚後當了妻子，女人依然不罷休，總要問：「你還愛我嗎？」、「你有外遇嗎？」、「你外出後會想念我嗎？」以及「電話裡的那個女人是誰？」等等。面對這些詰問，有些只需要實話實說，有些卻需要巧妙撒謊，因為你的回答必須確保女人歡心，這樣她才會心甘情願地與你和睦相處。但不論怎樣，你的回答必須幽默婉轉，這樣，既可傳達無限愛意，使你的話語情意綿綿，又可避免因正面回答而必有的某種難堪，使你的話語含蓄而機智。

不同的問題有不同的幽默，有些需要誇大其辭；有些則需矇混過關，語焉不詳；有些需要拐彎抹角；有些則需要直截了當。下面我們設想幾種可能的問題和情境，並討論各自相應的幽默回答。

　　戀愛發展到一定程度，需要用熱烈的擁抱親吻來表達無限柔情蜜意了。當你們全身心沉浸於此的時候，女友也許會從你的擁抱中抬起頭來，冷不丁問：「看你老練的樣子，你這不是第一次吧？你和別人也是這樣嗎？」這時，你若正面否定，說絕不是，女友也許會固執地認為你是在撒謊。但若能滿不在乎做個鬼臉，說：「不，親愛的，這全是你賦予我的靈感，沒有人能與我們相比。」這一回答迴避了最敏感的「別人」問題，並沒有對女友的問題做出正面回答，而是否定了問題本身。

　　女友帶你去她家，見到了她的父親，她也許會問：「你喜歡我爸爸嗎？」你如果千篇一律地回答：「喜歡，他老人家很慈祥。」那就索然無味了。但你要是換一種方式，幽默地說：「這就要看他能否同意我早點娶你。」這句話不但別人趣味，而且不失時機地轉達了對女友的愛，女友肯定愛從心來。

　　一些女人對自己的魅力沒有信心，總情不自禁地與男朋友交談或親熱的時候問：「你愛我嗎？」或「你愛誰？」簡單的「我愛你」或「愛」的回答顯然會讓女友感到意猶未盡，莫如回答得深刻幽默一些：「我誰都不愛，就愛我身邊這位美麗迷人的女孩。」男人要經常以「美麗迷人」等字眼讚美自己的女友，這樣女友也許就真能迷人起來。

　　對於兩地相隔的戀愛，女友最擔心的是自己的男朋友會不會愛上另外的女孩。相遇之後，女友時不時會脫口而出：「你有豔遇嗎？」你不能駁斥女友的心和問題的荒誕，你的幽默回答應該是：「什麼豔遇？我在那邊一向不大出門，更別說遇到什麼了。」

　　當女人在你的口袋裡發現一張陌生女人的名片或接聽到另一個女人找你的電話，她們會問：「她是誰？」這時候你可一定要收斂起自己的幽默，如果只圖眼前一笑而對女友開玩笑說：「她就是我的女友。」女友最容易對這些話信以為真，你的正確態度應該是跟她解釋清楚，打消她的疑慮，千萬不能讓她對你進行無謂的猜疑。

　　女友的詰問實質上體現了她們對你的在意與愛，你應該回報以愛。因此，採用什麼樣的方式回答女友的問題，首先要考慮你的回答能否讓你的愛人歡心、放心。幽默具有婉轉含蓄的性質，回答這些愛人之間的問題，採用幽默的方法，會讓許多夫妻、戀人受益無窮。

▌戀愛幽默串串燒

　　熱戀中的男女，往往是「情人眼裡出西施」。

　　一位數學家跟女朋友在公園裡散步。

　　女朋友問他：「我滿臉雀斑，你真的不在意？」

數學家溫柔地回答：「絕對不！我生來就愛跟小數點打交道。」

熱戀中的男女，總是需要一些諾言。

「你能保證，我老了還會像現在那麼愛我嗎？」女的說。

類似的話太常見了，一般人的回答無非是拍胸脯保證，或指天發誓，什麼「山無梭、天地合」之類的老套說辭，了無新趣。怎樣回答才有趣味呢？

讓我們看一位愛好收藏的年輕人如何臨場發揮的——「放心吧，我喜歡古董，你越老我會越珍惜的。」

有這樣一對男女青年，一天男青年到女青年家裡，看到女朋友買的雞是五隻公雞和一隻母雞，便奇怪地說：「親愛的，你怎麼買了五隻公的，一隻母的呢？」

女朋友：「這樣母的就不會像我那麼寂寞了。」

也許女朋友買雞時的真正意思並不是這樣，但在這裡，她恰遇良機，便幽默把自己的心情向男朋友表達出來了。幽默用於情愛生活，由於條件有利，比之靠純粹遊戲而產生趣味要容易些。男女雙方都有取悅對方的心願，只要一方做出努力，對方自是心有靈犀一點通。

在你的戀人面前能有幽默的智慧和情趣，既可以共享歡樂，又能深深地吸引對方。

人們都清楚，微妙的男女關係裡，有不少微妙心理因素

支配著每一個細微的行動，如果你有技巧地掌握和運用這些因素，你就將所向無敵，勝券在握。幽默，是戀愛生活的守護神。

生命是一朵花，愛情是花的蜜，而幽默則是採花釀蜜的蜜蜂。

愛是男女之間的感情交匯。男人和女人是這個世界上最奇妙的存在。怪不得夏洛蒂·勃朗特（Charlotte Brontë）說：「男人是太陽，女人是月亮。太陽和月亮的光融在一起，就會組成一個美妙的世界。」

在這個世界裡，幽默始終扮演著一個守護神的角色，在危機的時刻，它給人提供安全感；在悲劇時刻，它會引導向喜劇方向發展。

世俗生活最有價值的就是幽默感。作為世俗生活的一部分，愛情生活也需要幽默感。過分的激情或過度的嚴肅都是錯誤的，兩者都不能持久。

對於一對戀人來說，雙方間的默契和幽默感具有一種特殊的作用：它使雙方在片刻之中發現許多共同的美好的事物——從前的，現在的，將來的，從而使時間和空間暫時消失，只留下美好的歡樂的感覺。

▌失戀也要笑著面對

分手就分手，拜拜就拜拜。十步之內，必有芳草，別搞得那麼淒悽慘慘戚戚的。看下面那個美國小哥，是何等大氣、瀟灑與幽默。

一位駐紮海外的美國士兵收到國內女朋友的絕交信，說她要結婚了，請士兵寄還她的相片，士兵從戰友那裡搜來各式各樣的女人相片，通通裝入木箱，寄給見異思遷的女友。

女友發現箱子有一張便條，上面寫道：「我忘了哪一張是妳的相片，請妳自己挑出來，並把其餘的寄回來。謝謝！」

另一個叫瑪麗的女孩對付負心郎的方法，顯然剽竊（或巧合）了美國小哥的幽默創意。

「親愛的瑪麗，」年輕的威廉在信中寫道，「請原諒我。由於時間久遠，而我的記性又是如此糟糕。我現在一點兒也記不起來，180 天前，我向你求婚的時候，你說的是『行』還是『不行』。」

這個威廉，葫蘆裡賣的是什麼藥？是開玩笑？還是想分手？瑪麗可不管這些，很快回了信，信中說：「親愛的威廉，見到你的信我真高興。我記得半年前我說的是『行』，但是我實在想不起是對誰說的了，再一次吻你。」

現在輪到威廉接招了。主動權仍在可愛的瑪麗小姐手中。

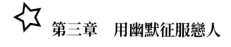

第三章　用幽默征服戀人

　　我們要說：幽默的人是可愛的，他們不怕失戀。這樣的人，會使人願意和他們相愛相守！

第四章　美滿家庭不能缺少笑聲

希望婚姻生活幸福美滿，這對於每一個做丈夫或做妻子的人來說是一種美好而且不算過分的要求。但在日常生活瑣事的衝突中，保持這種樸實的幸福，使自己的愛情始終得到保持，僅憑主觀想像和願望是不夠的，還要懂得一樣東西——在幽默中發展愛，讓幽默給愛注入活力。

有的夫妻懂得怎樣保護自己的幸福，維持婚姻中的愛情。他們以幽默來代替粗魯無禮的語言，解決日常生活中的分歧。雖然他們也相互挑剔，也會產生紛爭，但是經過由幽默產生的情感衝擊後，一切紛爭都顯得微不足道了。

幽默的力量會使人們想到這類問題：「如果上帝對亞當滿意的話，為什麼又把夏娃造得如此不同？」

幸福的家庭都相似，而不幸的家庭卻各有各的不幸。托爾斯泰的話其實只講了一半。幸福的家庭，大多是由有幽默感的人組成，他們生活在笑聲中，用笑聲化解種種所謂的「不幸」，從而保持天天幸福的狀態。事情就是如此簡單。

家庭美滿的祕訣

不少人的觀念中存在這樣一個盲點：幽默是對外的，是社交場合不可缺少的因素，至於自己人，特別在家裡，一本正經就夠了。其實，家庭就是一個小社會，自己人之間也需要包括幽默在內的各種調劑；不然，家庭的活力就會衰減。

夫妻無疑是家庭的核心，夫妻和諧是家庭幸福美滿的基礎。不能把相敬如賓或情意綿綿當作夫妻關係的唯一表達方式；父母與子女之間也不僅是板著面孔的嚴肅與恭敬孝順的對應。幽默與相敬如賓並不絕對矛盾，情意綿綿中的幽默更是不可或缺，至於緩解彆扭、消除誤會，更是幽默的特異功能。適宜的幽默，會使你的家庭運行得越發順利，讓你的家中充滿歡聲笑語。

家庭生活太需要幽默了。如果沒有幽默的點綴，家庭生活是多麼的漫長和平淡，日子會變得多麼單調乏味。

如果說家庭生活就像一碗湯，家庭之愛像湯裡的鹽，那麼幽默就是這碗湯裡的胡椒。一碗湯裡放不放胡椒，完全是依個人喜好而定的，你可以選擇。但對追求家庭美滿幸福的人來說，他們可能會喜歡在湯裡放上胡椒。因為，融入了幽默的家庭生活才更有趣，更美滿。

妻子：「我和你結婚，你猜有幾個男人在失望呢？」

丈夫：「大概只有我一個人吧？」

在現實生活中，怕老婆對男人來說是件不光彩的事，常常被朋友或同事視作笑料。而在社交中有些人卻能巧妙地調侃自己，樹立自己可愛的形象。因此，「怕老婆」這一主題常能演繹出許多幽默的故事。

某新婚夫婦，洞房內貼有家規，上面寫著：

第一條：太太永遠是對的。

第二條：如果太太錯了，請參閱第一條。

又如下面這段夫妻對話：

妻子：「你在外面很少喝酒，為何在家裡拚命喝呢？」

丈夫：「我聽說酒能壯膽。」

作為在一起生活的夫妻倆，要有一定的度量，對幽默才會有反應：如果頂著個花崗岩頭腦，他幽默也是白費勁。幽默是要有環境和必要的條件的，條件成熟了，即使是沒有文化修養的人，也自然會幽默起來。

▌愛情需要保鮮

一位男士有天晚飯後正在家中看電視，不知結婚三年的太太在一旁嘮叨些什麼，他專注地盯著電視，沒去理會。

這時太太突然一下站了起來，開始在客廳裡翻箱倒櫃找東西，找著找著，逼近了他身旁，甚至把他坐著的沙發墊也給翻了過來。

這下他實在忍不住，便開口問：「你到底在找什麼？」

她說：「我在找我們感情中的浪漫，好久沒看到了，你知道它在哪兒嗎？」

這個回答既幽默又令人心疼，也道出了許多老夫老妻心中的無奈。

在一起久了，感情的確穩定下來，但風味似乎也由濃烈轉為清淡。原先的激情不在，猛一回首，才驚覺自己手中一路捧著的愛情早已如風乾的玫瑰，變味走調多時。

這陣子演藝圈不時傳出消息，許多愛情長跑多年的銀色情侶紛紛宣布分手，而普普通通的你我也聽到周圍朋友分分離離的消息此起彼落，不禁讓人擔心起來，愛情是否真是無常。

其實對待愛情，就應該如同照顧魚缸中的熱帶魚，必須常常換水以保新鮮，這祥五顏六色的熱帶魚才能自在、順心地搖擺出絢爛的生命力。

愛情是需要保鮮的。

著名作家戴晨志先生說：「婚姻是人世間『老化』最快的一種關係。結婚後，新郎、新娘都在一夕之間，變成老公、老婆。」而實際上，老化了的不是婚姻本身，也不是新郎新娘自身，而是他們之間的愛情。

針對愛情的老化問題，戴志晨先生開的處方是「幽默」，他說：「懂得夫妻幽默之道的人，可以防止婚姻老化，使雙方永遠做英俊、漂亮的新郎和新娘。」

一位公車司機工作十分勤奮，每天都早出晚歸。一日，當他滿身疲憊地回家時，發現妻子留下了一張紙條：

晚餐和啤酒放在冰箱裡，我的身體和愛情在被窩裡。

—— 你的妻子

此故事中，妻子把食品、啤酒、身體和愛情並列在一起，幽默暗示丈夫吃食品和啤酒，不要忘記了妻子需要丈夫的愛。此時，那位丈夫能不感受到家的溫馨嗎？能不感受到妻子那深深的愛嗎？當你覺得愛情生活變得日益平靜的時候，你可以用幽默來打破這種死氣沉沉的平靜。

丈夫：「你出去時，可別帶那隻怪模怪樣的花狗去。」

妻子：「我覺得那條花狗很可愛。」

丈夫：「你一定要帶牠，是想以牠作對比，顯示出你的美貌吧？」

妻子：「你真糊塗，如果想那樣，我還不如帶你出去更好！」

有的夫妻很懂得怎樣保護自己的幸福，保持愛情的活力。他們以幽默來代替粗魯無禮的語言，解決日常生活中的分歧。雖然他們也相互挑剔，也會產生紛爭，但是經過由幽默產生的情感衝擊後，一切紛爭都顯得微不足道了，經歷了衝擊後的愛情生活反而顯得更加活躍。

應當試著以幽默去保護自己的家庭。如果沒有根本性的、重大的分歧，幽默將使家庭生活始終處於最佳狀態。家庭生活中極需要這種幽默，應該相信這一點，無論什麼情況下，一對善於以幽默來潤滑生活輪子的夫婦，他們獲得的幸福比任何家庭都多。幽默就是這麼高超的藝術。

▌少講大道理，多說小幽默

　　家庭裡並沒有多少大是大非的原則性問題，因此，夫妻間的交流要少講些嚴肅認真的是非理論，多來點「胡說八道」的小幽默。在許多幸福的家庭中，妻子或丈夫總是歡笑不斷。而終日正襟危坐，不苟言笑得近乎冷漠的人則很難贏得愛人的歡悅。當然，這並不是說夫妻之間就純粹是善惡不辨，美醜不分的，而是說家庭之中、夫妻之間更講感情。在適當的時候講一些歪理，家庭生活就會變得幽默無限，趣味盎然，生機無限。下面是一個使用小幽默的故事：

　　從來沒有喝過酒的妻子從丈夫的杯子裡抿了一小口白酒，皺著眉頭說：「酒可真難喝！」丈夫笑了笑說：「可不是嗎，可你還整天嘮嘮叨叨，說我喝酒享樂呢！」

　　酒對於妻子來說很難喝，而對丈夫來說則可能是一種享受。丈夫利用妻子說酒很難喝這一點講出了一通為自己辯解的歪理。

　　還有一個故事：

　　丈夫在看晚報，當他讀完一篇《女人的壽命比男人長》的文章後，便問妻子：「我真不知道為什麼男人要先走一步？」妻子解釋道：「總得有人留下來收拾衣服吧！」

　　透過上面兩則例子，我們可以看出，在家庭生活的每時每刻，只要你順著對方的言談舉止用貌似合理實則荒謬的道

理輕輕一推，歪理便出來了，幽默也就產生了。

我們認為家是講幽默的地方，因為家庭和幽默在本質上有許多共同相通的地方。家庭是男人和女人靠愛情建立起來，又靠愛情來維繫的愛情的棲息地。夫妻間的是是非非、恩恩怨怨不是某種道理可以講得清的，夫妻之間的一些行為也就不能簡單地以「是非對錯」作判斷；而幽默也往往是靠歪理來產生。在這一點上家庭和幽默恰恰有共通之處。下面引一則家庭幽默來說明這一點：

妻子：你經常說夢話，去醫院檢查吧。

丈夫：不用了吧！要是治好了這病，我就沒一點說話的機會了！

夫妻之間運用這種歪理幽默，不但可以活躍氣氛，愉悅性情，而且還能表現一種夫妻之愛，使得家庭生活妙趣橫生。這樣一來，就不會有「相愛簡單，相處太難」的感嘆了，對普通人是這樣，對大哲學家蘇格拉底來說也是一樣：

蘇格拉底婚前並不知道他的新婚妻子脾氣很壞。結婚之後，他才意識到自己娶了一位「惡妻」。雖然蘇格拉底認為自己的婚姻不是很美滿，但他還是常常鼓勵別人結婚。

蘇格拉底這樣說：「如果你娶到一位好脾氣的太太，你會終生幸福；但如果你娶到一個壞脾氣的太太，則恭喜你，你就可以成為『哲學家』了！」

蘇格拉底運用帶著很濃的自嘲意味的歪理來幽默，表達他對「娶了一個壞脾氣的老婆」這個既成事實的無奈，又表達了對妻子的豁達諒解。

家與幽默的相通之處提醒我們，讓幽默長駐家庭，用幽默沖淡家庭中不時出現的理性喧囂，用幽默去化解夫妻之間的各種矛盾，對於建立幸福的家庭將大有好處。

▌歡樂家庭的「消防栓」

家庭之中夫妻爭吵是一種普遍現象，不論是偉人還是普通人莫不如此。怨怒之中如果即興來一兩句幽默，往往會使緊張的氣氛急轉而下。人們常說「夫妻沒有隔夜的仇」，更多的時候都是這種豁達的幽默消除了隔閡。

有人說，適當的爭吵是婚姻別具風味的佐料，沒有爭吵的家庭是缺乏個性的拼湊。夫妻之間有時意見不同，爭爭吵吵是難免的，但要注意把爭吵控制在一定的範圍內，盡量不要使爭吵破壞了夫妻感情。

夫妻最好掌握一點幽默技巧，化日常的「吵鬥」為「吵逗」。夫妻兩人爭吵到一定程度，一方投之以幽默，另一方報之以幽默，透過幽默使矛盾得以化解，使爭吵得以平息。使用幽默，實際上是給對方一個臺階、一個藉口，即使在夫妻之間，這種臺階也十分必要。

　　爭吵中幽默的運用，不但可以化解正面的語言衝突，而且可以避免雙方的激憤，防止衝突升級。夫妻之間使用這種幽默，最好帶有一些感情色彩，蘊含愛意，這樣更易打動對方，獲得更好的效果。

　　只要一方能針對矛盾的具體情況，採取相應的溝通方式，巧用言語，就可以儘快打破僵局，讓家庭生活恢復往日的歡樂與和諧。幽默是家庭生活的潤滑劑，它能給家庭帶來陽光和春風。

　　丈夫與妻子吵架時說：「你說的話像個白痴！」

　　妻子說：「是嗎？那我們就有共同語言了。」

　　如今家庭不和的原因很多，重要的一條原因就是誰都想維護自尊，統治家庭，所以夫妻矛盾最為突出，如果矛盾得不到解決，彼此之間的心理距離就會越拉越遠。要縮短這種心理距離，幽默有其獨到的作用。

　　一個男人向他的朋友道出了他婚後生活美滿的祕訣。「我的夫人對所有的小事做出決定，」他解釋說，「而我，對所有的大事做出決定。我們和平共處，互不干擾，從無怨言，從不爭吵。」

　　「很有道理，」他的朋友贊同地說，「那麼，你的夫人對什麼樣的事情做出決定呢？」

　　「她決定我應該申請什麼樣的工作，我們應該到哪裡去旅

遊以及諸如此類的事情。」

朋友很驚奇：「那麼哪些是由你決定的大事呢？」

「噢，」這位男人回答，「我決定由誰來做首相，我們是否應該增加對貧窮國家的援助，我們對原子彈應該採取什麼樣的態度，等等。」

女人往往是家庭的統治者，即使她沒有在事實上統治家庭，那也要在外表上看起來是這樣，以滿足他們的統治欲和虛榮心。

幽默和溫和的言語一樣，在夫妻之間發生矛盾的時候，幽默所表達的是一種委婉的妥協，既不損及自己的顏面，又能與愛人友好的和解。夫妻之間，貌似嘲笑的關懷幽默總是能夠迅速地彌補雙方之間的個性差異與感情裂痕，拉近雙方的心理距離。下面就是一個這樣的故事：

夫妻倆吵得很凶，老婆氣得直說：「我真後悔嫁給你，早知如此，我就嫁給魔鬼了！」

「不行，你不能這樣做，你難道不懂近親結婚是法律所不允許的嗎？」

面對盛怒的妻子，丈夫幽默地把她比作了魔鬼，卻讓妻子在笑聲中冷靜了下來。

恩格斯（Friedrich Engels）說過，幽默是具有智慧、教養和道德上的優越感的表現。在家庭成員的交流中寓莊於諧地

表達了一個嚴肅的內容，甚至用來進行善意的批評，每每使另一方在輕鬆的感覺中備受啟迪。當夫妻間發生矛盾時，雙方都應該撇開憤怒，拋棄爭吵，試試在那一刻能直達人心靈深處的幽默的力量。

30 歲女性的幽默

瓊斯先生跟妻子吵架，有好幾天互相不說話。有一天，瓊斯先生下班回來感到特別累，而且公司要他第二天一早就去上班，於是他很早就上床睡了。當然，他一句話也沒有跟瓊斯太太講。

晚上，瓊斯太太收拾東西回房間睡覺時，發現她床上桌上有一張紙條，上面寫著：

孩子他媽：

請在明天早上 7 時叫醒我。

孩子他爹

第二天早上，瓊斯先生一覺醒來，發現已經快 8 點了。他正要生氣，突然發現他的床頭桌上也有張字條，上面寫著：

孩子他爹：

快醒醒，已經 7 點了。

孩子他媽

　　30 歲的女人，可以更充分展示自己的幽默才華。她們有自己得天獨厚的優勢。30 歲的女人絕大多數已經結婚，有了自己的丈夫和孩子，愛情已經開花結果，造就了一個穩定而足以依賴的家。她們再也不用因為愛和被愛而嬌羞難當，遮遮掩掩，欲說還休，也不必因為別人的注目而手足無措，惶恐不安。歲月造就了她們的成熟和穩健，他們可以大方得體、沉著灑脫地出現在任何一種場合，盡現她們作為成熟女性的魅力。更重要的是，30 歲，一個女人就可以大大方方、無所顧忌施展自己的幽默才華了。

　　有人說，幽默需要一種成熟的心態，是成年人的遊戲。的確，除了智力和生活經歷方面的因素之外，僅就年齡身分而論，年歲尚小的少女使用幽默時有著許多障礙和忌諱，稍有不經意，不是傷了別人的面子，就是觸及自我的顧忌，讓自己羞澀難當。相比之下，成熟的女性就有所不同，豐富的生活閱歷讓她們有更多的幽默可以表達，作為已婚的有家室孩子的女人，她們幽默的題材更廣，使用的場合更寬泛。因此，成熟女人的幽默，應受到重視，注意培養和挖掘。

　　成熟女人的幽默體現著一種豁達與智慧，讓人傾倒於她們的人格魅力。請看下面一則夫妻對話：

　　丈夫得了重感冒，躺在床上，對妻子說：「親愛的，如果我死了，你會因想念我而流淚嗎？」妻子沒有傷感，反而輕

鬆一笑，說：「那當然，我的先生，你知道，任何微不足道的小事我都會大哭一場的。」

他們不由得相視而笑，妻子用幽默巧妙地把丈夫從憂鬱的陰影裡拉了回來。

人生的每一個階段都有它值得自豪的地方。年值 30 的女人，雖然失卻少女時代的純情與嬌養，但卻具備了成熟、灑脫、幽默的氣度與風範。我們不能因為青春易老而顧影自憐。人生的價值就在於揚長而避短，年過 30 的女人要儘早與自信、灑脫和幽默接軌，這樣才能讓自己風采常存，魅力無限。要獲得一種成熟女人的幽默風度，首先要擺脫某種嬌態欲滴的少女氣，使自己從心態上成熟起來，成熟和資歷也是人生的資本，這種資本讓我們在各種場合更加自如、更加達觀，而善講幽默則更是這種資本的體現。記住，30 歲的女人，就應該快快樂樂、風趣幽默活著。

▌柴米油鹽皆幽默

古時有位秀才中舉了，準備娶個二房，一番張羅後，看中一個如花似玉的女人。大老婆知道後，寫了一首詩祝賀秀才：恭喜郎君又得她，儂今洗手不當家；開門七事都交付，柴米油鹽醬與茶。丈夫一聽，哪是什麼「恭喜」，分明是在吃醋。說是將「開門七事」都交出來，卻偏偏留下了

「醋」。秀才笑了，並想起自己數年寒窗時，妻子操持家庭的艱辛，遂放棄了娶二房的打算。

幽默可以使家庭生活更加幸福。傳統觀念提倡夫妻相敬如賓、客客氣氣。仔細想來，這只是家庭生活的一個方面，如果把它當成了家庭生活的全部，那麼這樣的生活也就味同嚼蠟，太無趣了。有一個這樣的幽默故事：

一天，一個男子實在忍受不了妻子的一本正經、不苟言笑，逃出家門，投宿旅店。服務員為他開了房間，並說：「我們這裡服務周到，會有一種家的感覺。」

他一聽，大聲喊道：「天哪，快給我換個房間吧！」

這個男子實實在在說出了許多已婚男人的心裡話。其實，家庭應該是溫馨的港灣，夫妻之間的交流應該是輕鬆愉快，推心置腹的。家庭中的幽默不可忽視，愛使得家庭生活變得可愛，幽默使得我們能充分享受家庭之愛帶來的幸福。幽默的力量能幫助我們在家與幸福之間搭建一座橋梁。試著換一種狀態去生活，家庭也可以變成培植幽默的沃土。

幽默還是夫妻關係的潤滑劑。聰明的人總是不放棄任何一個逗趣的機會，因為在恰當時刻，它能調節家庭的氣氛。兩性笑話就常常把夫妻關係中不愉快或不可能的一面，和關係中隱含的真意形成強烈的對比，藉著藝術的誇張展現幽默的力量。

　　沒有幽默的語言是一篇公文，沒有幽默的人是一尊雕像，而沒有幽默的家庭是一間旅店。

　　要使你的親人常常面帶笑容，那你就要常常幽默。家庭成員中，同輩之間互相使用幽默是常見的。其實，家庭中的異輩人之間，長輩可以對晚輩使用幽默，晚輩也可以對長輩使用幽默。家庭幽默無處不在，只要你善於觀察，善於運用，柴米油鹽也皆可成為幽默素材。

　　一個男人和一個女人，從相識相愛到一起走人婚姻，兩個人從陌生走到婚姻的這一過程，往往是二人一生中最為甜蜜和充滿激情的時期。一對情人走進婚姻以後，由於不同的成長環境和生活背景；由於社會日漸風行的自我思維方式；由於鍋碗瓢盆、柴米油鹽等家庭瑣事，往往會造成婚後生活日漸平實乏味，和戀愛時的浪漫激情形成鮮明的反差。

　　其實，那些都只是表面的現象，其內在的根源在於夫妻雙方的心態都發生了變化，因為雙方之間過於熟悉而使得生活沒有了新鮮的味道。如果夫妻雙方能改變心態，用心觀察生活，則生活中的柴米油鹽皆可成為幽默的素材，給夫妻生活增添新鮮的味道。

第五章　職場常青樹

最近常叫下屬每晚加班的經理問下屬：「很抱歉，昨晚讓你那麼晚下班！回家後你太太沒有抱怨什麼吧？」

那位下屬答道：「也沒什麼，不過今天早上我出門時，我太太卻對我這樣說……」

「說什麼？」

「親愛的，你今晚還要加班嗎？」

「那你怎麼回答她呢？」

「我說：『嗯！也許吧！』」

「她怎麼說呢？」

「我太太說：『你加班的話一定要提早打電話告訴我哦！12 點以前不許回來哦！』」

這未必是高明的幽默，卻能間接表達你為公司所做出的犧牲。

各行業人士莫不對幽默的力量給予很高的評價。如工商業界高層的負責人，運用幽默力量來改變他們的形象，改善大家對整個公司的看法。每一階層的領導人和經理人在人事的甄選與訓練上，也轉而向幽默力量求助。

幽默能幫助你成為職場的常青樹。

▋讓上司喜歡你

一年到頭諂媚拍馬的人，對上司而言，不但沒有害處，同時更如同空氣或水對人是必不可缺的東西一樣。因為這種人拍馬時可使上司心情舒爽，又可方便地役使他們，但在上司的眼中，他們絕無法獲較高的評價。

有骨氣的人雖不似奉承諂媚的傢伙受上司指使，或許甚至於不被上司喜歡，但他們的傲氣是任何上司都無法予以輕視的。

一般來說，上司批評下屬總是容易一些，而下屬要批評上司就不容易。

有一位皇帝日理萬機之餘，雅好書法，寫完後問臣子：「卿以為寡人字寫的如何？」臣子說：「皇上的字自然是好的。」「怎麼個好法？與卿比如何？」皇帝追問。「皇上的字在皇上中是好的，臣下的字在臣下中是好的。」

如果你在辦公室工作，無論日後是想仕途得意平步青雲，還是想就此默默無聞地過太平日子，幽默是提升情緒生產力的重要武器，也是 EQ 高手非有不可的情緒裝備。只要用心撰寫每天的幽默腳本，就能真正樂在工作。

● 聖誕節的輕鬆留言

聖誕節到了，公司照以往老規矩，要求各位員工列舉自己「一年來近況」。作為公司會計的我的回答如下：「這一

年對我而言，進步的是失眠症及智慧；退步的是記憶力，總體收支平衡；增加的是腰圍及膽固醇；減少的是頭髮及幽默感；附註：如果你注意到今年的笑話字體比以前有所放大，那證明本人視力正在無可挽回退化。」這一創造性的回答引來了老闆及全體同事善意的笑聲和熱烈的掌聲。

當你有機會直接跟老闆對話時，請隨時謹記自己的身分。可以借幽默的方式提一些有利公司的合理化建議，也可以適當地訴苦。可千萬別作苦大仇深狀，把心裡的牢騷一股腦全倒出來。把一些感激、祝福和喜悅留給你的同事和上級，相信每個人都會被你的光環所吸引，你將是本年度最亮眼的明星員工。

● 換隻乖一點的火雞

在公司裡，我負責廣告策劃，大家都叫我開心果。復活節我負責舉辦了一個 PARTY。在冷餐會上，當大家正興高采烈地談著音樂時，我大叫一聲：「雞來啦！」然後，我模仿雜耍藝人托著一隻大火雞，用手臂肘項開餐廳的門，在這緊要關頭，我一不小心被借慣性關上的門撞倒，火雞「啪」地一聲掉在了地上，所有人面面相覷。這時，我深呼吸一口氣，不慌不忙地撿起火雞，眨著眼睛對大家搖頭微笑：「別緊張，我這就把這傢伙抓起來放回廚房去，待會換隻乖一點的來。」頓時，尷尬的局面被笑聲打破了。

在日常生活中，在最歡樂和諧的時刻，經常會發生一些意想不到的情況。當這個情況發生時，很不幸你是戲中的主角。請記住：第一，深呼吸；第二、第三，還是深呼吸。就當不小心在家裡砸了個碗，撿起來洗洗乾淨就沒事了。

● 我們正研究自救手冊

有一次辦公室走道裡的電力系統出了問題，直冒白煙，辦公室頓時一片黑暗。各公司的人聞到異味後都衝出來看個究竟。大家不知道發生了什麼事故，個個變得緊張兮兮。這時，一位同事靈機一動，開始向我們發放他從保險公司領的健康手冊，以此轉換大家的注意力。不一會，我們的美國老闆從辦公室中衝了出來，問我發生了什麼事。我揚了揚手中的健康手冊，答道：「我們正在研究自救手冊，看看在危難情況下如何保護自己。」老闆和同事們於是大樂。老闆正色道：「為什麼不給我一本？」我接著說：「我會立即為您翻譯的。」

因某些原因使得你與同事、老闆都無法工作，並感到無聊和緊張時，不妨來兩句幽默語緩和氣氛。一來，讓同事與上司都能感覺到你的幽默風趣、平易近人。二來也可以讓上司特別注意到你，讓你在他的腦海裡留下一個好的印象。弄不好，上司有時間還會找你這位「幽默大師」閒聊呢。到那時，升遷加薪自然就不在話下了。

第五章　職場常青樹

● 耳朵又要受「摧殘」

　　一次午休時間後，我與同事們乘電梯準備返回崗位，該死的電梯在這緊要關頭咯噔一下，突然間就停在了 4 樓，離我們的 10 層辦公室相距很遠。更沒想到這一留就是兩個小時，我的很多同事都不同程度地出現了缺氧狀況。、危急時刻我便提議大家玩詞語接龍遊戲，誰輸了請喝下午茶、吃大餐。最後我故意輸了，並攤開雙手一臉無奈：「剛發的薪水就沒了，我太太一定不相信，回家估計又要鬧場革命，哎，可憐我這『飽受摧殘』的耳朵又要遭罪嘍。」在我的幽默言辭中大家終於盼來了維修工打開了電梯大門。後來，在月底總結報告上，老闆還因此特地表揚了我，並給我發了個人獎金。

　　逆境中求生存不光是一句口號，它體現在職場的各方面，危難時那靈機一閃的表現，往往能使人脫穎而出。這是你平時加無數個班、做無數個項目都未必能達到的效果。辦公室是一個大集體，需要強而有力的核心人物，千軍易得，一將難求，沒有哪個老闆，會不重用能把本公司凝聚成團的員工。

　　適度的幽默就像是一根閃著金光的魔杖，我輕輕揮舞著它，讓我們蒼白的辦公室生活開出五顏六色的花朵來。總之，這個世界不會以你喜歡的公式待你，也不會以你不喜歡的公式捉弄你。信譽聲望全靠自己爭得，學會愛自己，愛自己的職業。

▎職場女性要學點幽默

在與眾多男性競爭的辦公室「叢林」裡，職業婦女似乎認為最佳的應敵之道在於武裝自己，於是挽起長髮，穿起套裝，並且以謹慎的笑容，以俐落、專業的姿態企圖贏得男性的尊重。

然而，很多滿懷抱負的女性萬萬想不到，阻礙成功的最大因素竟是她們視為禁忌的「幽默感」。她們不知道掩埋了幽默感，就等於沒有了個人風格，最吸引人的神祕力量也因此喪失了。因此，女性也應卸下嚴肅的「面具」，恢復輕鬆自在的女性特質，並且學習保持幽默的態度，時時展現出在蒙娜麗莎般的微笑裡勝人一籌的風度。

以幽默為策略，聰明的女性會發現：成功之途的絆腳石一一而去！

走向開朗與樂觀似乎沒有人能夠在一生當中一帆風順地不遇任何阻礙，便可駛達成功的終點站，當然你也不例外。在諸事不順，彷彿全世界都跟你作對時，你是否曾懷疑自己是上帝那唯一的棄兒？其實你所需要的，只不過是改變原來對事情抱持的悲觀態度，而以更寬廣的角度去看待問題！

幽默要像空氣，在生活中無孔不入，才能真正發揮「笑」果。

如果一暴十寒，平時壓根兒忘了幽默為何物，過了很久

才突然想起，急著找樂趣，那麼很容易發現心情已腐朽到不知道如何重返快樂家園，那會讓人更挫折、沮喪不已。

所以，幽默感可千萬不能「上個月沒來，這個月沒來，下個月也不會來」。

事實上，你得把幽默經營成「昨天有來，今天有來，天天都會來」。

怎麼做，才能確保它會來呢？請你每天早、午、晚，各做一次幽默「深呼吸」。

此法則是準備一個趣味百寶箱，其中收集了各式各樣的趣味。例如你曾聽過、看過的爆笑笑話，有趣的漫畫；或是自己曾出過的醜，拍過的滑稽照片等等，通通收集在一起，變成你獨具個人風格的趣味百寶箱。

每天不管心情如何，都應該停下生活腳步，打開你的趣味百寶箱，重新體會一下幽默所帶來的輕鬆愉悅，讓自己全身上下沉浸在快樂之中，這樣就是做了個幽默深呼吸。

常常如此做幽默深呼吸的好處是除了讓臉上僵硬的線條轉為微笑之外，更能隨時提醒自己，還能用別的角度來看世界，快要失望的心情就能振作起來。

打開幽默的心扉面對「敵人」，你會發現：歡笑的功能會使你們坐下來把事情解決。無論你是身為領導者還是被領導者，在面對層層的工作壓力時，都需要學會舒展緊繃的情

緒，否則將會發現付出的代價是多麼巨大，真正的「生活」會被湮沒在爭執和對立中。

阿麗和阿清是多年的同事，兩人隔桌而坐，情誼深厚，彼此往來都建立了良好的默契。儘管如此，難免發生衝突，就像親密的牙齒和舌頭，有時難免發生咬舌的疼痛。有一次，為了處理老闆交待的事情，兩人有不同的看法，在堅持不下的情況下，她們居然發生嚴重的口角，彼此冷戰，形同陌路。到了第三天，阿麗實在忍受不了這樣的工作氣氛，為了打破僵局，於是趁阿清也坐在座位時，她就翻箱倒櫃，把辦公桌的抽屜全部打開來翻找一番，這時，阿清終於開口說話：「喂，你把所有抽屜打開來，到底在找什麼？」阿麗看看阿清，幽默地說：「我在找你的嘴巴和聲音啦！你一直不跟我講話，我怎麼跟你講話！」兩人撲哧一笑，重歸於好。

幽默可以讓人放鬆心情，拉近彼此的距離。發生爭執的時候，適時的笑話又可化干戈為玉帛。

即使女性主義者口誅筆伐地認為：根本沒有兩性差異，只有不同的社會化過程。在這裡，我們必須認定的一項事實是：辦公室中的男女，確實對幽默感有著不同的定義，無論其受到先天或後天的影響。唯有了解這個事實，職業女性才能找到保護自己的真正武器。

▌幽默的領導者受人擁戴

假如你是一位領導者，你就應當注意幽默的作用。在適當的時候，幽默比你手裡的權力有用得多。

卡普爾擔任主管時，有一次他主持會議，會中大家情緒異常激昂。會議中的緊張氣氛隨著大家對卡普爾的質問、批評和抱怨而不斷升級。

其中有一位女士不斷質問公司在慈善事業方面的捐贈，她認為應該多一些。她說：「公司在去年一年中，用於慈善事業方面有多少錢？」語氣中夾雜著尖銳的挑戰性。卡普爾說出有幾百萬美元時，她說：「我想我快要暈倒了。」

卡普爾面不改色地說：「那樣更好些。」

最後，隨著會場中大多數同仁 —— 包括他的挑戰者的笑聲，緊張的氣氛終於緩解。卡普爾將看來似乎敵意的幽默，轉變為幽默的力量，表現了他的人性，化解了緊張的一刻，解除了大家焦慮的心情。因為他的幽默向眾人傳達了這樣的訊息：「這個企業重視人性的需要。我們的確關心，並且分享彼此的關心。」

作為一個上級，批評下屬的時候要講究方法，這樣才能避免招來下屬的敵意。不過，要想把批評下屬的話說得恰到好處也需要一些技巧。幽默是人際關係的潤滑劑，可以促進人際關係的和諧，如果把這種幽默技巧用在批評犯了錯誤的

下屬身上，也能收到良好的效果。

經理問女祕書：「你相信人會死而復生嗎？」

「當然相信。」

「這就對了，」經理笑著說，「昨天上午你請假去參加外祖母的葬禮，中午時分，她卻到這裡來看望你！」

經理運用幽默技巧，既達到了批評女祕書使她認識到自己的錯誤的目的，又避免了招來女祕書的敵意。相反，如果一位上級尖刻地批評一個工作做的不好的下屬，就會造成失敗的局面。那位下屬會失去他的自信心，而同事也會失去對他的信任，不願和他合作。但是「以對方為中心」來了解他人，卻是打開溝通的途徑。

業務主管說：「我看銷售圖表高到前所未有的高 —— 不過是倒過來看的。」

沒有一個人喜歡批評，但批評在管理工作中又必不可少。

批評是一門藝術，有效批評會使對方認識到自己的錯誤，及時改正。但是切記不能當面指責別人，這樣只會造成對方強烈的反抗。而以一種幽默的形式巧妙地暗示對方注意自己的錯誤，則比較容易為人所接受。當然批評的方式是多樣的，但是有一點是不能忽略的，那就是不能傷害對方的自尊心，一定要委婉指出對方的錯誤。

我們再來看一則巧妙批評人的例子：

美國前總統柯立芝（John Calvin Coolidge）有一位漂亮的女祕書，人雖長得不錯，但工作中卻常粗心出錯，一天早晨，柯立芝看見祕書走進辦公室，便對她說：「今天你穿的這身衣服真漂亮，正適合你這樣年輕漂亮的小姐。」

這幾句話出自柯立芝口中，簡直讓祕書受寵若驚。柯立芝接著說：「但也不要驕傲，我相信你的公文處理也能和你一樣漂亮的。」果然從那天起，女祕書在公文上很少出錯了。

一位朋友知道了這件事，就問柯立芝：「這個方法很妙，你是怎麼想出來的？」柯立芝得意洋洋地說：「這很簡單，你看見過理髮師給人刮鬍子嗎？他要先給人塗肥皂水，為什麼呀，就是為了颳起來使人不痛。」

這裡正是幽默感幫助柯立芝解決了問題。

每個人在自己的社會角色中，都有他以尊敬對待的上級和長輩，也有他可以批評，指責的下屬和小輩。然而，一貫的尊敬可以使上級和長輩賞心悅目，一味地指教和批評卻很難使自己的下屬和小輩俯首稱臣。正如生活本身就是一種藝術一樣，尊敬得講藝術，否則便徒勞無效；批評更得講藝術，否則便會週遭樹敵。

▌運用幽默來發展客戶

日本壽險推銷「皇帝」原一平剛從事推銷工作的時候，常常為自己身材矮小而懊惱不已，用他自己的話說是「橫看豎看，實在不是個好貨色。」為此，原一平不止一次地怨天尤人，但矮個子是先天形成的，是鐵的事實，是無法更改且無法隱瞞的。

一次偶然的機會，一個與原一平相貌相似的主考官改變了他。

這位主考官曾留過洋，在美國專攻過推銷，他的身材比原一平略高一點。他人是瘦瘦的。如果只看外表的話，和原一平像是一個模子印出來的。

他凝視著原一平，說道：「你我都明白，個子高大、體格魁梧的人，光是外表就顯得威風凜凜。因此，訪問顧客時也容易讓對方產生好印象。可是，個子矮小的人，即使掌握同樣的技術，不，縱然他的能力超過前者很多，由於受先天條件的限制，在踏出第一步時，無形中已經吃了大虧。你我都屬於身材矮小的人，為了不輸給個子高、體格好的人，在踏出第一步時，該怎麼做呢？我想，首先必須以表情致勝，特別是非重視笑容不可，務必顯示出發自肺腑的笑容。」

他的臉上立即浮現出笑容，那是一種渾身都在笑的笑容，是純真感人的笑容，這笑容使原一平茅塞頓開。

第五章　職場常青樹

　　從此以後，原一平開始訓練笑，日復一日，月復一月，原一平一有空就對著鏡子練習。也不知持續了多久，一天，他忽然發現鏡中的自己跟以前大不相同了，他的臉大放異彩，細加觀察，眼神也有變化，這個發現使他信心倍增。一有信心，與鏡中自己對話的訓練也就更起勁了，他清清楚楚地看出自己的臉孔逐日有了變化。終於有一日，原一平自豪地說：「如今，我認為自己的笑容與嬰兒的笑容已經相差無幾。」

　　就是這個笑容被譽為「值百萬美金的笑容」。笑，不僅使原一平完全解除了自卑，也使他在推銷的實踐中日益得心應手。

　　有一次，原一平盼望能與當時的財經巨頭某某先生見面，由於對方是個大人物，直接與他會面，一是件非常困難的事情。另外，就算有幸能與他見面又該以什麼方式呢？原一平遇到了一個難題，他決定按照平時的做法，先傾力於事前調查，然後再考慮對策。

　　正在為這件事茶飯不思時，一個偶然的機會，原一平遇到了某某先生最賞識的西裝店老闆。原一平闖進了那家西裝店，訂做了一套與某某先生平常穿的西裝、領帶一模一樣的「裝備」。

　　「某某先生看了一定大吃一驚的！」離開西裝店時，老闆對原一平說。

原一平耐心地等待機會。

一天，原一平終於有了與他正面相對的機會。

「某某先生，您好！」

原一平站在該先生面前。這是原一平一生中最精彩的一次表演。

看到如此穿著的原一平，某某先生一臉驚訝，過了一會兒，這位先生終於發現了是怎麼一回事。

「哈哈……」

某某先生一陣大笑。可想而知，大笑之後，原一平的工作自然順利起來了。

推銷員喬治口才甚好，而且反應敏捷，善於隨機應變。

一次，他正在推銷他那些「折不斷的」繪圖 T 字尺：「看呀，這些繪圖 T 字尺多麼牢固，任憑你怎麼用都不會損壞。」

為了證明他所說的話很正確，喬治捏著一把繪圖 T 字尺的兩端使它彎曲起來。突然「啪」的一聲，推銷員喬治只能目瞪口呆地望著他手中那兩截塑料斷片了。但只過了一會兒，喬治又把它們高高地舉了起來，對圍觀的人群大聲說：

「女士們，先生們，這就是繪圖 T 字尺的內部的樣子。」

這些推銷員與其說是在談推銷，還不如說是在調侃推銷。我們知道，對於推銷者，一般顧客是冷漠相待的，甚至

還要忍受常人想像不到的輕蔑和侮辱。但如果每一位推銷商都有這兩位推銷員開朗灑脫的心境，又何愁產品銷路不暢呢？

其次要有幽默的表達。而交易的成功，是口才的產物。可以說，推銷的實質就是說服。

▌幽默推銷的魔力

作為一個推銷員，如果你在顧客面前表現得壓抑、死氣沉沉、沒有活力……顧客會是多麼失望，因為他們原本希望你帶給他們一些快樂，而現在他們實在是沒有時間去承受你的折磨了。你完全可以詼諧一點，活躍一下氣氛。

有一家公司的總裁說：「我專門僱用那些善於製造快樂氣氛，並能自我解嘲的人。這樣的人能把自己推銷給大家，讓人們接受他本人，同時也接受它的觀點、方法或產品。」缺乏笑聲的推銷活動是失敗的。嚴肅或者呆板無異於自掘墳墓。要有效地避免這種情況，就必須掌握幽默的技巧。

幽默是推銷活動的潤滑劑，它能製造一個愉悅的交際氣氛，化解不愉快，改善與顧客的關係。如果你能夠讓顧客笑出來，就能夠讓顧客把錢掏出來。

有一位年輕的女推銷員挨家挨戶推銷大英百科全書，獲得了相當驚人的成績，她是怎麼做的呢？

「很簡單，」她閃爍著雙眼說，「我總是在夫妻倆都在家的時候去拜訪，然後向丈夫說明來意，列舉這本書的實用價值和博大精深的內容；但是我故意壓低聲音，那位坐在旁邊的太太就會一字不漏地注意傾聽。這樣，在丈夫徵求妻子是否同意時，就很容易取得一致意見。」

幽默是推銷員的制勝利器。不過，在使用幽默推銷時，一定要注意以下三點：

首先，幽默一定要注意分寸，不能太過，要充滿智慧與情趣，那些有色情成分或內容不健康的「幽默」，不但不能拉近與消費者的距離，還極有可能點燃消費者心中的怒火。

其次，幽默要充滿善意與好感，不能針對消費者的缺點或弱點。比如：有個推銷減肥品的推銷員，對一個女性消費者開玩笑：「如果您吃了我們的減肥藥，就會由『包子』變成『油條』。」結果，消費者很不高興，推銷也以失敗告終。

此外，如果不具備幽默的天性，千萬不要趕時髦，這樣就如同撓對方的胳肢窩一樣，讓人十分難受，對推銷只會產生副作用。

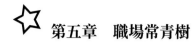

第五章　職場常青樹

第六章　演講幽默隨手拈

　　每一個人都有上臺講話的機會，也許是在餐會、宴會上，或學校裡、懇談會上，以及其他社交聚會上，或是工作，或是日常生活中的各種場合裡。即使當時你不認為自己是個演說家，但是事後回想起來，你會想到自己確實上臺講過幾次話，往前瞻望，你也會發現前面有更多的機會在大眾面前講話。

　　臺上一分鐘，臺下十年功。演講之難，難在如何抓住聽眾的注意力，並將自己所宣揚的理念植入聽眾腦海。

　　幽默可以為演講注入生氣，如果你演講的是一個非常沉重或嚴肅的話題，而且你注意到你的聽眾開始產生厭煩情緒，那麼不妨插入一些幽默，說一些與主題或觀點有關的趣聞趣事，或者與自己有關的一些滑稽小故事，這樣有助於使話題變得輕鬆，也有助於重新吸引聽眾的注意力。

　　不僅如此，幽默還可以為你的演講增添情趣和趣味，可以創造和諧的氣氛，引導話題，生動地闡明某種做法以及證明一個論點。

　　但是要注意：在演講中運用幽默，應當自然，而不要勉強。但是如果你牽強運用幽默，你的演講可能會跑題，而你的聽眾則可能走神。在最優秀的演講當中，幽默會從演講材料當中自然而然流露出來，幫助演講人明確自己的觀點。

▌「開場白」不要「白」

文章難寫，難在開頭。演講之難，也難在開場白。想要三言兩語抓住聽眾，並非易事。如果演講的開場白不吸引聽眾，就會導致聽眾的注意力分散，即使你後面的演講很精彩，也會因不當的開場白而黯然失色。

一位先生到大學演講，開場白是：「同學們來齊了嗎？沒來齊的舉手。」然後環顧臺下，「唔」了一聲，微微低頭，「沒人舉手，很好，都來了。」他簡潔幽默的開場白，一下子就將臺下的學生們的心緊緊抓住。

也有人是以開自己玩笑的方式走上講臺的。讓我們來聆聽一下芝加哥兩位演說家的開場白：

第一位報出了自己的名字，然後說：「不知道在場的有沒有我小時候的夥伴？他們知道我有一個不光彩的綽號，但願他們都沒在場！」

第二位的開場白更引人注目。這是個身材高大的傢伙，五官也大得出奇。他說：「女士們，先生們，你們已看到我是個什麼樣的人了。我的耳朵很大，像貝多芬的耳朵。可是長大以後，我為這對耳朵感到害臊了。不過，現在我對它們已經習慣了。說到底，它對我站在這裡演講並沒有什麼妨礙！」

本來，在第一位演說完後，聽眾已經有點睏乏，但第二位演說者的開場白又使他們的神經活躍起來，笑聲驅逐了睏乏。

這些風趣的開場白，無疑要比單調刻板的自我介紹強多了。

一般來說，開場白有兩種：一種是速成法，在一瞬間抓住聽眾的注意力；另一種是潛入法，花幾分鐘時間讓聽眾逐漸接受你的影響力。不論哪一種方式，幽默和幽默感都將能幫助你順利地進入主題。

休斯頓的一位演說家說：「據我了解，幽默的目的在於讓聽眾喜歡上演講的人。如果他們喜歡演講的人，那麼也必定喜歡他所講的內容。」

這就是說，運用幽默的力量去駕馭開場白，可以使你與聽眾建立成功的關係。

這時候開開自己的玩笑，也能使自己的情緒穩定下來，神經得到放鬆。只要開了頭，你就不會感到無從下手，切入正題後會輕鬆自如。

「良好的開端是成功的一半」。一個用心準備的開場白完全可以造成統領全場的作用。不管何種形式的開場白，衡量優劣的標準只有一個：是否抓住了聽眾的注意力？如果你置身於講臺之上，高談闊論你的話題，而場下的聽眾全都心不在焉，那麼你的講話又有何意義呢？

開場白不能像白開水一樣淡而無味。開場白一「白」，聽眾就會「拜拜」。一個幽默的開場白能夠迅速而有效地引

起聽眾的興趣，將聽眾的注意力集中到你的話題上來。並使聽眾感到舒適放鬆，製造積極的氣氛。建立你的正面形象，控制住場面。開場白可以說是一個演講能否成功的第一個關鍵，也是我們需要反覆鍛鍊的地方。

▍抓住聽眾的心弦

你既然已經上了臺，而且頭也開得不壞，那麼接下去要做的便是關心你的聽眾。你要把注意力全部集中在聽眾身上，直到演講完畢。當然，通常一個人的注意力不會集中在其中某一個聽眾身上，注意力在這時會像蜂鳥一樣，在聽眾之間飛來飛去。

要忘掉自己，忘掉一切與演說內容無關的事情。這也許很難，不是每個人都有辦法做得到，但是必須努力去做，否則你無法抓住並保持聽眾的注意力。

幽默故事常常是快樂的源泉，你可以利用它們來抓住聽眾的心弦。比如，你可以拿一個笑話作為基本內容，然後以它為母體加以變通使之適合於任何一個指定的題目，或者發展它的某種可笑性，從而衍生出一系列笑料。

在演講中，為了增強演講效果，加深聽眾印象，可以穿插現成的幽默故事。穿插時要注意：穿插進來的內容一定要和話題有關，能造成說明、交代、補充的作用；穿插的內容

務必適度，不可過多過濫，造成喧賓奪主，中心旁移；銜接務必自然得當，切不可讓人覺得勉強或節外生枝。下面報告中教授穿插的歇後語就很恰當。

有一次，一個教授給學生作報告，接到一個紙條，問：「有人認為思想工作者是五官科 —— 擺官架子，口腔科 —— 耍嘴皮子，小兒科 —— 騙小孩子，你認為恰如其分嗎？」這個問題頗有鋒芒。教授妙語答，回答說：「今天的思想工作者，我認為是理療科 —— 以理服人，潛移默化，增進健康。」

人的注意力很短暫，尤其當演講人以單調低沉的語調，在某一個主題上平淡而談時，聽眾更易感到很乏味，而分散注意力。有人稱這樣的演講人說：「當他演講完畢，全場一下子甦醒過來。」

在一次似乎沒完沒了的演講中，聽眾之間有一個人站起來離開了 —— 是演講人的妻子。

演講者說：「請原諒我，朋友們，我妻子有夢遊的毛病。」

全場聽眾都笑了。

演講者再次抓住聽眾的注意力！改變一下話題，或者改變講話的方式，以一則笑話或一句妙語給予聽眾幽默力量。

假設你在談到有關季節性的話題時，可以這樣說：「月圓

的時候，犯罪率升高。這很容易理解，因為強盜、小偷在這時候看得比較清楚。」

或者當你談到人與人之間的關係時，以一兩句幽默的穿插拉回聽眾的注意力：「當今這世界上並非充滿了愛。如果你在街上看到兩個人手挽著手，很可能其中一個是強盜。」

抓住聽眾，讓他們一直聽你講，簡短的幽默可以給你力量。

如果你說個笑話，只為了引人發笑，那麼聽眾的注意力很可能隨著笑聲的起落而移開。不要插入不相干的幽默。幽默要和當時的話題有關，使它成為你的訊息的一部分，使它成為幽默力量！

當你談的是如何激勵他人時，可以把下面這一則故事插入演講中。

傑克受聘為一家製造公司的生產部經理，他引進一些增加生產的新觀念。於是在他加入公司的 3 個月內，產量增加 30％。傑克再引進其他新觀念，以後幾個月產量又增加 10％。

老闆很高興，拍拍傑克的背說：「你做得真好，繼續努力，表現更好。」

「好。」傑克說，「但是你為什麼不把這話放在我的薪水袋裡？」

「一定！」老闆說，他真的遵守諾言。

當下個月傑克領到薪水袋時，發現裡面附著一張字條：「你做得真好！繼續努力，表現更好！」

也許你有機會在子女學校的懇談會或家長會中，對其他家長演講，下面這一則故事也許是用得著。

有一個 40 歲左右的中年婦女知道自己懷孕了，很是煩惱。

醫生安慰她：「你的身體健康情況很好，不會有什麼問題的。」

婦人說：「我擔心的倒不是這個，我只是想到我怎能再多忍受 12 年的家長會。」

不論演講或生活，幽默力量都是無比的！

▌即興演講的幽默

英國前首相狄斯雷利（Benjamin Disraeli），有一次演講完畢，有個年輕人向他祝賀：「你剛才真的講了一篇很棒的即興演說！」

「年輕人，這篇即興演說我已經準備了 20 年！」他回答說。

創造別具一格的即興演說，一定要發揮並運用自己的幽默力量，不僅是偶然為之，也不是只逢演講時，而是在任何適當的機會都用。努力去做，不久，切題的思想、妙語和趣

味短文，都會自然地從你的心思裡躍出來，那時候就真的能夠表現自發的機智，在演說中，在日常生活上都贏得他人的尊重了。

在演講開始之前，設法和聽眾打成一片，這時就需要發揮幽默力量。幾句簡單的談話就能使你進入他們的思想和興趣中。你要事先收集一些「即席」的笑話或趣聞、妙語，可以使你的演講更為生動、有特色、合時宜。

你也不妨虛構一些。

「我剛才在大廳裡碰到一個朋友」，我對她說：「羅麗塔，你的結婚戒指戴錯了指頭。」

「『哦，』她回答說，『因為我嫁錯人了。』」

有個記憶專家也用他一套獨特的方法與聽眾打成一片。他常常在即興演說開始之前，向其中一位來賓問候致意，包括一一請問他們的大名。之後他就叫出他們每一個人的名字，付 5 美元給他忘了名字的來賓。

這種方法的確帶來很大的效應，也是發揮幽默力量的一個實例。

▌尋找幽默的最佳時機

在演講中插入風趣、幽默的談笑，還有一個速度問題，太匆忙和太緩慢都不能達到預期的效果。因而要掌握好速度，把時間控制得恰到好處。

著名笑星鮑伯‧霍伯（Leslie Townes Hope）說：「題材有出色和平庸之別，但是我知道如何透過時間的控制，來使普通的笑話變成很棒的笑話。」

當你為了抓住聽眾，更好地闡述主題時，插入的幽默笑話或小品必須是毫不做作的。說話要流利，態度要自然，舉止要有節制。

芝加哥有個人，他一心想得到某俱樂部主席的位置。他在一次對俱樂部成員的演說中，表現得過了頭，在不到兩小時的演說過程中，他至少說了510則笑話，並配以豐富的表情和確實引人發笑的手勢。

聽眾們被他逗得哈哈大笑，末了，在他講完最後一則笑話時，有人大叫：「再來一個！」

這位老兄也真的再來了一個，再次把人逗得瘋狂大笑。

但是他沒有當上俱樂部主席 —— 他的得票數在候選人中列倒數第二。

當他悶悶不樂地走出俱樂部時，他問那位喊「再來一個」的聽眾：「你說我比他們差嗎？」

「不，一點也不差，」那人說，「你比他們有趣多了，你可以去當喜劇演員。」

作為演講者，碰到的第一個難題通常是：主持人向聽眾介紹你，並且稱讚你的時候，你應該怎麼辦？

這時，我們就不能光是隨著主持人的介紹點點頭了。那樣的話，就沒有幽默感，也不能給聽眾留下深刻的印象。

如果有人請你去演講，那麼你最好事先寫個自我介紹，在演講開始前交給主持人。否則，出於主持人的禮貌，你可能被介紹為「著名的……」或「偉大的……」等等。而這些對你將要進行的演講沒有絲毫的幫助。

如果你的姓名比較特別或是容易出錯的話，那麼不妨運用幽默的方式讓主持人知道。

「您怎麼稱呼，先生？」

「哦，我叫德克。」

「您是德克薩斯州人嗎？」

「不，我是路易斯安那州人。」

「那您為什麼取名德克？」

「我想我叫德克該比路易斯好些吧。有這樣一個怪名字確實有好處，不過我還沒發現好處在哪裡。」

這是介紹自己的一種好方式。不過，要注意的是，你一定要把自己的介紹詞建立在真實可靠的基礎上，而且要簡潔易懂，讓主持人一看就明白。這樣的話，主持人也會樂於與你合作。

在你與介紹人之間建立融洽關係的基礎上，你還得運用幽默的力量來應付突變。

有位演說家在主持人介紹失誤之後，面帶微笑從容說：「我希望我能說這是一次最好的介紹，但是實際上不是。你們知道我最感到滿意的一次介紹是怎樣的嗎？那次是面對千萬人的演講會，我非常盼望到最偉大的介紹，結果我終於得到了。那就是由我自己介紹自己。」

場下大笑，演說家也度過了難關。

有時過分熱情的介紹、過分的讚揚也會帶來問題。應付這種情況的辦法可以開個小小的玩笑。比如：

「看來我被我的主持人朋友給出賣了。他在臺下向我保證，說大家會因為請到我來講話而深感榮幸，現在看來恐怕不是這樣。」

你如果要用自己的方式來影響主持人對你的介紹，並且試著使自己和聽眾的緊張情緒安定下來時，可以借用一些別人說過的話。比如說：

「我覺得自己好像是一隻熊掉進了蜜蜂窩，但願我的舌頭不會辜負這一番好意的挑戰。」

或者說：

「為了今天的演講，我已經練習了一個星期，差不多是背得滾瓜爛熟了。只要你們大家能像一面鏡子，我想我就可以順利透過的。」

林肯就曾經說過：「只有兩件事比餐後的演講更難，一件

是去爬一面倒向你的牆，另一件是去吻一個倒向另一邊的女人。」

演講確實比較難，不過，在你走上講臺後，就不能再顧慮這些了，而應該隨時啟動趣味思索，作出比較快速的反應。

演講之前，你還應該設法去接觸聽眾並進行廣泛交流，這就需要發揮幽默的力量。有時候，短短的幾句話就可以抓住聽眾的心，吸引聽眾。既然如此，你又何不在事先蒐集幾個即興笑話和趣味故事，從而使你的演講更為生動活潑和引人入勝呢？

困境之中巧自救

演講中難免會遇上各種不利的情形。比如自己講一個笑話，聽眾卻毫無反應。演講中說漏了嘴，也是常有的事。遇見這些窘境，優秀的演說家都會巧妙地加以掩飾，使一般的聽眾不感到有很大的破綻和失誤。幽默就是演講者用來巧解窘境，應付意外的一種常用方法。

在一次演講會上，蘭姆滔滔不絕地講著。一個喝得醉醺醺的人在下面故意搗亂，學公雞叫。蘭姆鎮定自若，看了一下手錶說：「怎麼回事？難道天要亮了嗎？我簡直不敢相信。然而低等動物的本能是不會錯的。」

蘭姆巧妙隱含判斷，委婉含蓄地表達了自己的意思，令搗亂者尷尬不已、無地自容。這些俏皮話往往能幫你應付一些演講及生活中的尷尬局面。這樣的即興妙言是幽默感豐富的標誌。

喬治·伯恩斯（George Burns）曾經用幽默的句子開自己年齡的玩笑。

在一次演講中，有人故意取笑伯恩斯：「您為什麼老是和比您年輕許多的女孩約會？」伯恩斯回答說：「在我這個年齡，除此之外你還有別的選擇嗎？」

其實上面那些句子並非什麼驚世駭俗的語句，它們只是在演講陷入困境的時候用來幫助演講者解圍的鑰匙而已。當演講陷入困境時，如果演講者一個人站在講臺上呆愣著，那可就要徹底砸鍋了，挽救的手段是演講者要自我解嘲地笑出來，笑是演講者對聽眾的最好回應。

有一位學者在大學裡開辦性心理學講座，這個講座吸引了很多人。演講結束後，幾個比較搗蛋的學生提了一連串怪問題，其中之一是請演講者談談對性解放的看法。

學者說：「這個問題還用回答嗎？現在街上超短裙流行，三點式泳裝也出現了。《紅樓夢》裡的林妹妹有這麼大膽嗎？」

這個幽默的回答有曲徑通幽之功。巧妙說明現在與過去

相比,「性解放」的確為更多的人所接受,而這是歷史的必然趨勢。有些聽眾還常常利用提問題的機會,故意占用大量演講時間來反駁演說者的觀點。不過,一個優秀的演說者自有其應付之道。

有一次演講結束後,一個聽眾擠到前面來,說是要問問題,其實是想發表相反的演說。這個人滔滔不絕講了五分鐘還不罷休。當他終於停下來,演說者問他:「是不是可以請你把問題重複一遍?」聽眾席爆發出一陣笑聲。

演說者幽默地向大眾揭露了這個聽眾的意圖,使廣大聽眾在笑聲中對這個聽眾的無理又無聊的行為一笑了之,自然更不會在意他講了些什麼,而演說者也巧妙地迴避了一場爭論。有時候,聽眾不是故意為難演講者,而是真心請教一些比較難的問題,這時候演講者也可以幽默作答。

▌虎頭、豬肚還需豹尾

寫文章講究的是虎頭、豬肚、豹尾。實際上,演講也是一篇文章,因此,也應該遵循這一法則。

演講中常常出現這種情況,當演講者在津津有味地畫蛇添足時,聽眾就已經乒乒乓乓起身離座了,至少是如釋重負地嘰嘰喳喳聊天,混亂不堪,如果讓聽眾帶著這種「紛亂」的心情離開會場,就沖談了演說的效果。

　　要解決這個問題，首先就要使演講的結尾簡潔。

　　一個演說家在結束他的演講時就用了這個技巧。他在闡述完他的主要觀點以後，突然提高聲音道：「最後──」聽眾都以為他會講一句鼓勵性或口號式的話，可是大家聽到的卻是簡簡單單兩個字「完了」。

　　演講者故意使聽眾心理造成落差，以此取得幽默效果。據說有一個民族，有個古老的風俗，全體集會地，發言者只准用一隻腳站著講，不管講不講完，站不下去就算結尾，不失為一種高明的辦法。但是，要想使演講取得完滿的結束，演說的結尾除了要做到簡潔之外，還要有意味。

　　有位著名演說家說過：「你必須在聽眾的笑聲裡說『再見』」。其含義是用幽默的話來作結尾。美國一個以幽默見稱的演說家，他告訴我們說：「你必須將『再見』表現在聽眾的微笑中。」演講者可以在演講結尾時說：

　　「我今天的愛情心理就講到這裡，只要按照我說的去做，保你們個個打光棍……當然這是絕對不可能的。」

　　「今天，我談了城市發展地未來圖景，我堅信不久之後，在座各位都有一輛小轎車。不過，今天還得委屈各位擠公車了。」

　　能做到這一步，可說演講者結束演講的技巧已經十分熟練。至於怎麼做才能使演講者的水準進一步提高則完全由你

自己去斟酌了。

美國一位著名演講家在行將結束自己的演講時，穿上了外套，戴好了帽子，套上了手套，然後溫文爾雅他那詼諧的口吻說：「先生們，女士們，我已經結束了自己的演講，而你們呢？」此招既出，反響熱烈。

上面例子中，演講家的結束語雖然簡短幽默，卻因為有了動作的鋪墊而顯得水到渠成，並不唐突。

在演講結尾時要使你的聽眾帶著悅然接納的心情微笑，比開頭還難掌握，因為聽眾們都期待著一個精彩有效的結尾。演講和寫文章一樣，要講究首尾相應，首尾銜接。為了避免結尾太唐突，還可以在演講的結尾設計一些懸念。所謂的懸念，也就是在敘述一件事情時，不要匆忙顯示你的結果，要慢慢來，沉住氣。用獨具特色的語氣和戲劇性的情節來表現你的幽默才華，也就是在結尾時把最關鍵的話說出來。

☆ 第六章　演講幽默隨手拈

第七章　擺脫困境的捷徑

第七章　擺脫困境的捷徑

　　有個關於西方世界領袖之間的軼事，從中可了解他們處理困境的智慧。

　　那是在第二次世界大戰將要結束期間，東西方的首腦在埃及首都開羅召開會議。一天，美國總統羅斯福（Franklin Delano Roosevelt）急著找當時的英國首相邱吉爾（Winston Churchill）洽商要事，便徑行驅車前往邱吉爾的臨時旅館。

　　由於久居寒冷潮溼的英國，邱吉爾對於開羅乾燥又悶熱的氣候難以適應，尤其日間的氣溫高達 40 度以上，更是令他無法忍受。幾乎整個白天的時光裡，邱吉爾都把自己泡在放滿冷水的浴缸中消暑。

　　當羅斯福匆匆趕到時，邱吉爾的隨從來不及擋駕，只好通報請邱吉爾著裝和美國總統會面。而羅斯福直接闖進了大廳之中，他找不到邱吉爾，這時聽到旁邊一個小房間傳來邱吉爾的歌聲，羅斯福順著聲音找了過去，正好撞見躺在浴缸中一絲不掛的英國首相。

　　兩個大國的元首在如此尷尬的情況下見了面，羅斯福馬上開口道：「我有事急著找你，這下子可好了，我們真的坦誠相見了！」

　　邱吉爾也立即做出反應，他在浴缸中泰然自若道：「總統先生，在這樣的情形下會面，你應該可以相信，我對你真的是毫無隱瞞的。」

　　兩位偉大領袖人物的睿智對話，輕鬆地化解了一場尷尬，並讓後世傳為美談。從這個小事故中，我們似乎也能夠體會到幽默的無比力量。

▌優雅維護自己的尊嚴

　　一個人的尊嚴是不容踐踏的。如果有人踐踏到你頭上了，你怎麼辦？毫無疑問，忍氣吞聲並不可取，這樣你會成為一個人見人捏的「軟柿子」。那麼，是和他大吵一通，或大幹一架嗎？不，其實，你還有一項可以利用的武器——幽默。如果你能夠掌握並運用這一武器，你就能夠優雅而又狠狠地回擊那些粗暴的冒犯與踐踏，維護好自己的尊嚴。

　　一個粗暴的傢伙和一位紳士在小道上相遇了。粗暴的人站著不動，說：「我從不給蠢驢讓路。」如果你是那個紳士，會怎麼辦？是針鋒相對，還是主動示弱？讓我們看那個紳士是如何處理的。紳士聽了，說：「哦，我正好與你相反。」說完就讓開了道路。多麼優雅的反擊！何等智慧的幽默。看來，「狹路相逢勇者勝」的說法並不完全正確，「狹路相逢智者勝」才是真理。

　　德國大詩人海涅（Heine）因為是猶太人身分，常遭到無理的惡毒攻擊。

　　一次晚會上，一個旅行家對他說：

「我發現了一個小島，島上竟然沒有猶太人和驢子！」

海涅鎮靜地說：「看來，只有你和我一起去那個島上，才能彌補這個缺陷！」

用幽默的語言，用幽默的推理方式反擊，比直接反擊要含蓄得多。正因為含蓄，才可以把一些不便出口的有傷大雅的字眼包含在其中。而這些字眼又是從對方口中接過來，再以邏輯的方法回敬過去的，對方要反擊，除了收回自己剛才所說的話以外，別無他法，但誰又有這等本領呢？

幽默的反擊有一個特殊規律，即反擊的性質不由自身決定，而由發動攻擊的對方決定。如果對方發動攻擊時所用的語言是侮辱性的，則反擊也是侮辱性的；對方如果是帶著幾分譏諷的，反擊自然也就會帶上幾分譏諷；如果對方發動攻擊時是調笑性的，那麼，反戈一擊的方法演繹出來的幽默語言同樣也是調笑性的。

▌巧妙地說「不」

美國總統富蘭克林‧羅斯福在就任總統之前，曾在海軍部擔任要職。

有一次，他的一位好朋友向他打聽海軍在加勒比海一個小島上建立潛艇基地的計劃。

羅斯福神祕地向四周看了看，壓低聲音問道：「你能保密嗎？」

「當然能。」

「那麼，」羅斯福微笑看著他：「我也能。」

富蘭克林·羅斯福採用的是委婉含蓄的說「不」藝術，其語言具有輕鬆幽默的情趣，表現了羅斯福的高超藝術，在朋友面前既堅持了不能洩漏的原則立場，沒有使朋友陷入難堪，取得了極好的語言交際效果。以至於在羅斯福死後多年，這位朋友還能愉快地談及這段總統軼事。相反，如果羅斯福表情嚴肅、義正辭嚴地說「不」，甚至心懷疑慮，認真盤問對方為什麼打聽這個、有什麼目的、受誰指使，豈不是小題大做，其結果必然是兩人之間的友情出現裂痕甚至危機。

人人都希望自己的需求能夠得到滿足，每有人喜歡聽到「不」。相傳慈禧太后就是一個不願意聽到「不」的人，她如果指著一個杯子問大臣：這是碗嗎？大臣們的回答只能是：是的，這是杯子。真是讓人哭笑不得。拒絕或否定他，最好的方法就是用幽默這一武器。索忍尼辛（Solzhenitsyn）的小說《癌症樓》上有下面這樣一段話：

薇拉·科爾尼利耶夫娜宣布說：「科斯托格洛托夫，從今天起你擔任病房裡的組長。」

科斯托格洛托夫態度非常友好地說：「薇拉·科爾尼利耶夫娜！您是想讓我在道義上蒙受不可彌補的損失。任何一個當官的都免不了要犯錯誤，而有時還會權迷心竅。因此，經

過多年的反覆思考，我發誓不再擔任什麼行政職務。」

「那就是說，您曾經擔任過，對嗎？而且，職務還挺高，是吧？」

「最高職務是副排長。不過實際職務還高些。我們的排長因為實在遲鈍和無能被送去進修，進修出來之後至少得當個砲兵連長，但不再回到我們砲兵營。因為我是個挺棒的測繪兵，年輕人們也都聽我的。這樣，我雖然只有上士軍銜，卻擔任了兩年代理排長。」

「既然是這樣，您何必推辭呢？如今這差使也會使您滿意的。」

「這真是妙不可言的邏輯 —— 會使我滿意！而民主呢？您豈不是在踐踏民主原則：病房的人又沒選我，選舉人連我的履歷也不知道……順便說說，您也不知道……」

富有幽默感的科斯托格洛托夫是一個懂得拒絕的人。他婉言謝絕了薇拉要他擔任臨時的病房裡的組長的建議。他首先擺出自己謝絕的理由，並讓被拒絕者完全認同了這些理由。總之，好的婉言謝絕往往產生幽默的笑聲。而當你帶著幽默的態度去拒絕自己力不能及的事情的時候，很自然地就會產生委婉曲折富有說服力的幽默故事。

一個人要會說「好」，也要在該拒絕的時候會說「不」。不會說「不」，你就不是一個品格完整的人，你會變成一個不情願的奴隸，你會成為別人的需要和慾望下的犧牲品。

▌化險為夷的妙方

有幽默感的人往往思路敏捷、反應迅速,在複雜的環境中從容不迫,妙語連珠,常常能夠憑藉幽默的力量化險為夷。

約翰‧亞當斯(John Adams)競選美國總統時,共和黨人指控約翰‧亞當斯曾派遣競選夥伴平克尼將軍(Pinckney)到英國去挑選四個美女做情婦,兩個給平克尼,兩個留給總統。約翰‧亞當斯聽後哈哈一笑,說道:「假如這是真的,那平克尼將軍肯定是瞞過了我,全都獨吞了!」

正如某位哲人所說:當我們的社會透過一種幽默的能力而被深刻地認知,當每一位公民也已被幽默所征服,我們也就置身在一種和睦的氣氛中了。用幽默的力量來釋放你自己,使你的精神超脫塵世的種種煩惱。用幽默來增加你的活力,使生活多一點情趣。

有時候,做錯了事情又被別人撞上,往往會出現被動的局面,面對這種種無奈,我們只有採用幽默的方式來爭取主動,用幽默營造一種「山窮水復疑無路,柳暗花明又一村」的境界。

守林人在林中抓到了一個狩獵者。「你在做什麼?」守林人聲色俱厲地問道,「春天這裡是嚴禁狩獵的,你難道不知道嗎?」

「這我知道，」狩獵者說，「可我實在是因為遇到了一件不幸的事，想來這裡自殺的。只是因為開槍時手抖得很厲害，不知怎麼，子彈竟誤落到了野鴨身上。」

狩獵者在偷偷狩獵的時候，恰好被守林人撞見。狩獵者明白自己做的事情不對，為了爭取守林人的諒解，他採用了溫和、幽默的方式。我們反對他狩獵的行動，卻為他的幽默而叫好。

▌跨越厄運的駿馬

你會有怎麼樣的人生，來自於你怎麼看待自己。

如果你把自己看得很嚴重，人生就會過得很沉重；反之，如果你能輕鬆看自己，那麼人生就會變得很輕鬆。

沒錯，也許態度並不能改變事實，發生在我們身上不幸的遭遇，並不會因看法的改變而遠離。然而透過輕鬆、幽默的方式，卻可以使我們擺脫困頓的束縛，把注意焦點轉移到好的地方，為自己打開一扇新的窗戶。

紐約的某處隧道因故塌陷，警員奮力救起了一位左腳微跛的老人。

「你還好吧？」這名警員在問他時，發現他正巧還是自己的鄰居。

「再好不過了，今後我的兩隻腳再也不會不平衡啦！」老人笑著答道。

「難道你的左腳好了？」警員驚訝地問。

「不是，是我的右腳也跛啦！」

發生的事只不過是發生的事，至於你要如何看待則又是另一回事。

有位先生和他的孩子一造成公園去玩耍，結果孩子不慎從鞦韆上摔了下來，嚎啕大哭。

他立刻過去安撫，在確定沒有受傷之後，他幽默地對孩子說：「來，跟大家說今天的表演到此結束，請來賓掌聲鼓勵。」

旁觀的人聽了，無不哈哈大笑。

幽默就有這種力量，可以將任何局面扭轉過來──化悲劇為喜劇。

有位婦人的房子被颶風吹垮一半，她卻能「化悲為喜」。她從地下室裡爬了出來，當別人正在想「天啊，為什麼會這樣，這真是一場悲劇」之時，她卻幽默地說：「反正無論如何都得搬家，現在我連一樣東西都不必打包了！」

有一位病人塔辛頓，他以幽默來面對失明的遭遇。他因為視力逐漸變差，眼前總是會有飄浮的斑點在妨礙他的視線，每當最大的一個斑點掠過眼前時，他會打趣地說：「喔，老祖宗又來了，我正想著整個早上你都上哪兒去了呢？」苦中帶甜，多麼豁達啊！

羅斯福還未當上美國總統之前，家中遭竊，朋友寫信安慰他。但羅斯福卻不以為意。他回信說：「謝謝你的來信，

我真的很好，因為：第一，竊賊只偷去我的財物，並沒有傷害我的生命；第二，竊賊只偷走部分的東西，而非全部；第三，最值得慶幸的是，做賊的是他，而不是我。」

作家凱薩琳‧曼斯菲爾德（Katherine Beauchamp Mansfield）即說過：「當我們能夠對自己所遭遇的不幸和挫折一笑置之，甚至有雅量自我解嘲時，代表你們已經不再畏懼失敗了。學會如何消遣自己，無疑是人生旅途上相當重要的課題。」許多人也許會問：「常遇到挫折或壓力太大時又怎麼笑得出來？」對！的確很難，關於這點我的回答是：「正因為『有困難』，所以這時候才更需要笑出來。」

有一個老闆脾氣非常暴躁，對下屬要求十分嚴苛。有一天，小李拿了一份公文進去，只聽見老闆大發雷霆罵道：「你寫的是什麼東西，我看只有國中的程度！」不一會兒，小李快步出來了，居然還面帶微笑，他對一臉錯愕的同事解釋：「你們看我進步多快，昨天老闆才罵我有小學程度，今天我就有國中程度了。」

你看，只要腦子這麼一轉，地獄也能變成天堂。

當事情正在發生的時候，又怎麼笑得出來？祕訣就是，去「找出」其中好笑的地方，然後就可以找出「笑點」。

比如，約會的經過越禍不單行，旅遊的過程越不順利，被騙的經驗越離譜，規劃好的事越出意外，音樂會越無聊，

辦事員越刁難，服務員越粗魯，醫生越笨拙，學生越調皮，朋友說話越誇張，先生或太太越多毛病，孩子越出醜，飛機降落前在上空越驚險和盤旋越久…

當事情變得越糟糕、越離譜，結果就越好笑。不是嗎？

▍抵禦騷擾的盾牌

也許是天性所致，男人似乎永遠都比女人表現出高度的「性」趣。大多數的男人可以把「性」話題當成公開的社交話題，但女性卻視其為特有的禁忌。當你看到一群男人聚集在某一個角落高談闊論，可別以為他們正在商討什麼國家大事，很可能他們在討論一個引發他們「性」趣的主題。

「李小姐今天老是和我唱反調，我看她一整天都很不順心，可能是『那個』來了吧！」

「業務部那個長得很漂亮的劉小姐昨天接到一筆大訂單，聽說那個客戶對她一直頗有意思，兩人關係匪淺……」

每天穿著入時、身上飄出香水味的女主管，也成為這些男人評頭論足的對象：「嗯！想必嘗起來味道一定很可口！」

當你不經意經過這些男人身邊，他們很可能立刻又把調侃的矛頭指向你：「嗨！親愛的小姐，你今天的樣子看起來很迷人，今晚準備跟我約會嗎？」

聽到這類話題，你的反應通常如何？面紅耳赤地掉頭走

開？還是不甘示弱地反唇相譏？

　　某些女性可能會把這些令人反感的挑逗、稱呼、問話、玩笑當成性騷擾，或者把對方視為大色狼。但有時男人之間這樣的對話，並不是真正對那位女士有特別的「性」趣，只不過是要要嘴皮子而已。這時候，你通常可以有四種選擇：

◇ 假裝沒聽到，不理不睬。

◇ 用激烈的言詞還擊，以牙還牙。

◇ 自我防衛，找各種理由替自己辯解。

◇ 加入他們的陣容，和他們一起開玩笑。

　　如果你選擇第 1 種，不理不睬，你別以為他們就會從此閉嘴。根據經驗，男人通常會以為你默認，或者認為你不在乎，於是就變本加厲的繼續擴大渲染。如果你選擇第 2 種，以牙還牙，以為男人會被你強硬的態度嚇倒，那你也未免太樂觀了。那些輸不起的男人，可能會到處放話，說你小題大作，惱羞成怒。假使你選擇第 3 種方法，自我防衛，你必須記住，絕對不能顯露出你的窘困不安，否則，他們仍會不斷地挑你話中的毛病，然後，樂不可支地鬧個沒完沒了。至於第 4 種方法，和他們一起開玩笑，應是上策。

　　不過不要誤會，這個意思並不是要你模仿男人的幽默，而是順應他們的話題，快速又得體找出應對的方法，見招拆招。信不信由你，男人遇到這種情況，大都會摸摸鼻子走開。

　　以後當有男士對你說：「你真是秀色可餐。」、「今夜你準備跟我約會嗎？」這類挑逗的言詞時，你可以大方的回答：「你已經夠胖了，不應該再貪吃！」、「我得先打電話問問你的太太（或者女朋友），看看我今晚是否能和你約會！」

　　你必須了解一個事實，我們沒有辦法讓男人停止說他們有「性」趣的事，但是，如果你有足夠的智慧去應付，溫和而戲謔地指出他們的荒謬，就像是一面鏡子，讓他們看到自己出醜的模樣，至少他們會知道，以後在你面前必須收斂一點，因為，他們在你這裡只能是自討沒趣。

　　一位生性風流的男子，看到了一個漂亮的少婦迎面走過，便跟在她後面，尋找機會和她搭話，但因素不相識，不好開口。忽然瞥見她手上挎了個提包，於是找到了話題，他嬉皮笑臉地說：「請問，您這漂亮的小提包是從哪裡買的，我也想給我妻子買一個。」沒想到這位少婦冷冷地說：「你妻子有這種包會倒楣的。」「為什麼呀？」少婦幽默地回答說：「因為不三不四的男人會以提包為藉口找她的麻煩。」

　　這位少婦看穿了這個風流男子的意圖，但沒有揭穿他，而是接過男子的話頭，以嘲諷而幽默、機智的言辭給了他當頭一棒，這個男子見難以得手，只得灰溜溜地逃之夭夭了。

　　幽默是智慧之花，幽默如綿裡藏針，恰當地運用幽默的技巧，不僅能使挑釁者自動地敗下陣來，承認失敗，又不至

於搞僵人際關係。巧妙地利用幽默的方式抗拒來自於周圍男人的性騷擾，這本身就是一種成熟、自信、富魅力的表現。

第八章　幽默七十變（一）

第八章 幽默七十變（一）

幽默是一門藝術，它體現了一個人的智慧和情趣。古今中外，無論是哲人、學者、科學巨匠，還是普通百姓，生活中都不乏令人回味的幽默之言和令人忍俊不禁的幽默之舉。但無論是低頭一笑還是開懷大笑，無論是諷刺的笑還是含淚的笑，無不體現了人們的聰明才智和對生活的不同理解。

生活中不能沒有幽默。當事業遇到阻力時，幽默給你帶來良好的心態，讓你釋懷；當你情感遇到挫折時，幽默是有效的潤滑劑，緩解矛盾，一笑泯恩仇；當你健康情況欠佳時，幽默是最好的「開心藥」，使你消除緊張，祛除病痛，使生活多一點情趣。

▌緊扣人心法

演講或與人交談，只有緊緊地抓住了人心，幽默感才能傳遞給對方。相對地，有了幽默感，才能使演講抓住人心。由這點看來，緊扣人心法也是一種幽默的技巧。

上了講臺後，你必須全神貫注注意你的聽眾，並持續到你的演講結束的掌聲響起。

美國休斯頓的一位演說家說：「就我了解，幽默的一個重要目的，是讓聽眾喜歡演講人及其演講。要是他們喜歡主講的人，必定喜歡他所講的內容。」

他在演說時經常用開自己玩笑的方式來表達意思。在談

論時間的重要性時，他喜歡說：「我還記得在二次大戰時，他們給我吃些小藥片，好讓我不去想女孩子。現在我才發現那些藥片正開始產生作用！」

她在演講中還用小故事抓住聽眾：

「人家稱讚我，在我這年齡居然還保持這等好身材，我把功勞全歸功於內人愛麗絲。25 年前我們結婚的時候，我告訴她：『親愛的，我們永遠也不要吵架。每當你讓我心煩的時候，我不會跟你吵，我只會到附近去走走。』因此，你們現在看到的這副美妙身材，完全是這些年來我每天做戶外運動的結果！」

使用緊扣人心法這種幽默技巧時要注意，幽默的笑話要與演講相連繫，否則，為了抓住聽眾的注意力而隨意插入風馬牛不相及的幽默，那麼聽眾的注意力很可能隨著笑聲的起落而移開。幽默如果與當時的話題有關，使它成為你訊息的一部分，這樣，幽默的技巧也就體現出來了。

如果你在臺上做政治演講，不論是發表政見或是其他選舉活動，也可以使幽默力量成為你發表的訊息的一部分。下面有兩則幽默故事可以運用。

政客在大選之後對妻子說：「恭喜我吧，我當選為議員了。」

「你不是騙人吧？」

「不，親愛的，現在已經用不著騙人囉！」

三個年輕人從水裡救起一個政客。他很感激他們，問他們需要他幫什麼忙以回報救命之恩。

第一個年輕人說：「我希望進入西點軍校，但是我的成績不理想。」

政客說：「沒問題，你進了。」

第二個年輕人說：「我申請入安那波利大學被拒絕了。」

政客又說：「不用擔心，你進了。」

第三個年輕人說：「我希望到國家公墓。」

政客不解地問：「公墓？為什麼？」

第三個年輕人回答說：「如果我父親知道我救了你，他會把我殺掉。」

無論是在演講或是日常生活交談中，成功地運用緊扣人心法這一幽默技巧，可以得到舒展聽眾情緒、吸引聽眾注意、傳達幽默感的作用。

▌聲東擊西法

聲東擊西法，是一種更加含蓄迂迴的幽默技巧。目標向東而先向西，欲要進擊先後退。在利用幽默的語言來回擊或反駁一些錯誤觀點的時候，這種技巧的運用特別有力。

但是，聲東擊西法要取得好的效果，取決於聽眾的靜心默思，反覆品味。因為這種幽默技巧的特點是：你想表達的

思想不是直接表達出來，而是以迂為直，被埋藏在所說出來的後面，聽眾在聽完話之後，必須有個回味的時間，才能體會出個中的奧祕，產生幽默風趣的情緒。

因此，一個真正有幽默感的人，不但要自己善於說，而且還要善於領悟別人的幽默。善於領會別人的幽默，也是一種智慧的表現。

據說，楚莊王特別喜歡馬，給馬披綢緞，餵棗肉，搭花床。有一匹馬因餵得過肥而死了，楚莊王叫人給這匹馬按「大夫」的葬禮辦喪事。大臣們勸他不要這樣揮霍，楚莊王動怒說：「誰敢再勸，殺他的頭！」

這樣一來，誰還敢再勸呢？優孟聽說這事後，闖入王宮，仰天大哭。楚莊王驚異地問：「優孟，你為何哭得如此悲傷？」優孟說：「大王心愛的馬死了，用『大夫』的葬禮太不夠排場了，應該用國君的葬禮：用玉石做棺，最好的木頭做槨，出葬時，叫各國的使節都來送葬，給它最高的封號。」優孟見楚莊王迷惑不解，接著說：「這樣，人們都知道大王你特別喜愛馬，而且把馬看得比任何人都高貴萬倍。」

楚莊王聽出話裡有骨頭，問道：「難道我的過錯有這麼嚴重？我該怎麼辦好呢？」

優孟笑道：「依我說，用鋼鐵做棺槨，使爐灶做棺套，用蔥薑上供，給它穿上火做的袍子，埋入肚裡，這是最好的葬禮。」

楚莊王點頭應允了。

阿凡提是一個智者，而且他還是個大幽默家。他的話大多屬於聲東擊西法的典型，而且顯得十分幽默。

一個窮人找阿凡提訴苦說：「我去年向巴依老爺借了一個熟雞蛋，今年卻要我還 300 個雞蛋。理由是蛋孵雞，雞生蛋。」

阿凡提與窮人一起告到了法官那裡。

審理時，阿凡提遲遲不到。後來很晚才來了。法官問他：「你怎麼這麼久才來呀？」

「我在家炒小麥準備下種。」阿凡提回答說。

法官聽了哈哈大笑：「炒熟了的小麥下種後怎麼會長出麥苗來呢？」

阿凡提笑著說：「那麼巴依老爺的熟雞蛋怎麼會孵出小雞來呢？」

顯然，阿凡提以聲東擊西法，說的是小麥，但意卻在熟雞蛋。

聲東擊西法在不少場合都可以見到：明是說罪，暗裡擺功；明是說愚，暗裡表忠；明說張三，實指李四；欲東而西，欲是而非；敲山震虎，指桑罵槐，含沙射影等等，都屬於這一類。當然，在日常的生活中，這種聲東擊西法的幽默技巧也可以詼諧地加以運用，以產生強烈的幽默效果。

▌設置懸念法

設置懸念法,是幽默的一個重要的技巧。相聲演員管它叫「設包袱」。即以熱切的語調、真實的細節和充滿戲劇性的情節引出你的幽默力量,在關鍵的那句話說出之前,埋下伏筆,預作暗示,讓聽眾「著了你的道」。然後,用關鍵的話一語點破,或叫解開「扣子」,抖開「包袱」,讓聽者有出乎意料之外的感覺,於是,幽默的效果就發揮出來了。

請看這樣一則幽默,是怎樣運用設置懸念法的幽默技巧:

女兒:「爸爸,我們話劇團的一個女演員愛上了一個工人。」

爸爸:「這是條好新聞,我馬上去採訪。」

女兒:「你們記者就愛大驚小怪的,連這種事也值得採訪?」

爸爸:「目前,『門當戶對』的舊思想還存在,像這樣敢於衝破舊的傳統習慣的好女孩,應該好好報導,表揚一下。」

女兒:「這個女演員就是我。」

爸爸:「怎麼是你,誰同意你這樣做的?」

這則笑話諷刺了那位表面上反對「門當戶對」舊觀念而實際上滿腦子「門當戶對」舊觀念的爸爸。從中也可看出,女兒

用設置懸念法埋下伏筆，先不說是自己，讓爸爸著了道，製造了懸念，到頭來，一語道破是自己，產生了幽默的效果。

第一，不要故弄玄虛，讓人不著邊際。設置懸念要巧妙，順理成章，從而達到幽默的效果。否則，「斧鑿」的痕跡太重了，給人故弄玄虛之感，就不僅不顯得幽默，反而使人反感。所以，設置的懸念要緊扣主題，精心設計，恰到好處。

第二，不要急於求成。如果你迫不及待要把妙語趣事說出來，太急於要引起聽眾發笑，太早地讓人知道有趣的「謎底」，就會顯得操之過急，太早洩漏「天機」洩漏了驚奇，由於鋪墊不夠，火候不成熟，結果也就失去幽默感。

所以，應娓娓而談，不疾不徐，使聽眾對結果有錯誤的預期，有一個緩衝思考的時間，然後再一語道破。但是也不能太慢，慢到使聽眾忘了他所期待和預期的是什麼了。

▌以正導反法

所謂以正導反法是指一方用正面的前提作反面的解釋，向另一方發起突然的攻擊，使另一方來不及反應，在鬥智的遊戲中失敗。

通常情況下，在鬥智性的交談中，這種以正導反式的幽默最難防守，但作為進攻卻是比較容易使用的。在正常心理

的順序上，原因在前，結果在後，反面的動機、原因，造成了正面的行為、結果。而在幽默和程式中則相反，正面的結果在前，反面的動機在後，這樣才可能造成對方預期的失落和發現的驚異。

一位畫家到一個風景優美的地方去度假寫生，他住在一個農夫家裡。假期結束時，畫家想送給農夫一些錢，但農夫說：「不，我不要錢，你給我一張你畫的畫吧！」

這對於畫家來說自然是好事，是一個積極的有利於己的要求，是很難不接受的。畫家非常高興，並感謝農夫稱讚他的畫。

農夫笑著答道：「我並非為了別的，我有一個兒子在倫敦，他想成為一名畫家。他下個月回家的時候，我要把你的畫拿給他看，讓他明白畫家沒什麼了不起的。」

幽默的奧祕都在出人意外似真而謬的解釋中，在這裡農夫的要求是正面的，而解釋卻是反面的。提出正面的要求是為了引導出反面動機。

英國首相邱吉爾有一次乘坐計程車，他走出計程車對司機說：「我在這裡辦事要一個鐘頭左右，請等我一下。」

「不行。」司機一口回絕，「我要回家去收聽邱吉爾的精彩演講。」

邱吉爾聽了很高興，馬上多給了他二鎊的小費。

「唔，我想想看。」見錢眼開的司機馬上改口說：「我還是在這裡等你吧，管他什麼邱吉爾不邱吉爾的！」

司機從拒絕到接受之間的條件僅是一筆較多的小費。這種以正導反法的幽默的好處，不但在於正反之間的轉化迅速，而且在於正反之對比。

以正導反法的幽默關鍵在於：導向反面時，其理由要十分奇特，它必須別出心裁，它必須順發人之所以未發。在構思這種類型的幽默時，切忌拘泥，最要不得的是過分的實在，放不開想像的翅膀。幽默感是一種情感的自由，是從現實的壓迫中獲得的一種解放，而解放的極致往往就進入了某種假定的境界，只有進入了這個境界，才夠味。

孟夫子說：「人之所患在好為人師。」其實好為人師不足為患，最足患者乃好為人師而又缺乏幽默。而產生幽默的障礙乃小手小腳，急於直接教訓，而不善於在想像的荒誕之中寓教於樂。不露痕跡，不著一語，意在言外，盡得風流者，上也。教師在課堂上，經理、廠長在講臺上，貴在以莊重的道理和詼諧的談吐相結合，創造一種融洽的氣氛。但是如果放不開想像，荒誕性不足，教訓的意味太濃，則可能把幽默變成直接了當的諷刺。

▌同枝異花法

在通常情況下，相同的原因，產生相同的結果，不同的原因，產生不同的結果。如果同樣一個人，同樣的一件事，同樣的原因、條件，卻產生不同的結果，從正常的道理講來，這是不合邏輯的。而對於幽默感的構成來說卻不然，在許多情況下，越是同因異果，越可能構成幽默，這就是所謂的同枝異花法。

我們都知道，做人總不能在同一事情顛過來倒過去而總是有理，然而按幽默感來看，若能顛倒有理，左右逢源，則屬智慧與諧趣之上乘。

愛因斯坦（Albert Einstein）初到紐約，在大街上遇見一位朋友，這位朋友見他穿著一件舊大衣，勸他更換一件新的。愛因斯坦回答說：

「沒關係，在紐約誰也不認識我。」

幾年以後，愛因斯坦名聲大震。這位朋友又遇見了他，他仍然穿著那件舊大衣。這位朋友勸他去買一件新大衣。愛因斯坦說：

「何必呢，現在這裡的每一個人都認識我了。」

愛因斯坦的過人之處不但在於淡泊，而且在於肯定相同衣著時，卻用了形式上看來是互不相容的理由。以不變應萬變，不管情況怎麼變幻，而行為卻一點也不變。

第八章　幽默七十變（一）

　　同枝異花法在人際交往中很有實用價值，它能讓你在極端變化的情況下，總是能找到有利於自己的理由，哪怕互相反對的理由，也都能為己所用。

　　當然，這種方法的功能不但用於鬆弛人與人之間的緊張關係，有時也可以用做相反的目的，使人與人之間的關係保持緊張。

　　馬克‧吐溫有一次在回答記者提問時說：「美國國會中有些議員是婊子養的。」

　　國會議員們大為震怒，紛紛要求馬克‧吐溫澄清或道歉，否則便要訴諸法律。

　　幾天以後，馬克‧吐溫的道歉聲明果然登出來了：

　　「日前本人在酒席上說有些國會議員是婊子養的。事後有人向我大興問罪之師；經我再三考慮，深悔此言不妥，故特登報聲明，把我的話修正如下：『美國國會中有些議員不是婊子養的』。」

　　表面上是馬克‧吐溫作了一百八十度的大轉變，實際上是馬克‧吐溫作了一個概念遊戲，「有些是」就意味著有些不是，而「有些不是」則意味著有些是。在形式上是從肯定到否定，而實際上是否定暗示著肯定。

▌借語作橋法

借語作橋法是指在交談中，一方從另一方的話語中抓住一個詞語，以此為過渡的橋梁，並用它組織成一句對方不願聽到的話，反擊對方。

作為過渡橋梁要有一個特點，那就是兩頭相通，而且契合自然，一頭與本來的話頭相通，另一頭與所要引出的意思相通，而且以天衣無縫為上。

一個小太監攔下紀曉嵐，要求他講個笑話。紀曉嵐應要求說：「從前有一個人……」這個太監耐不住的問：「下面呢？」紀曉嵐答道：「下面沒有了啊！」

小太監把此事告訴了太監總管，太監總管很有學問，認為紀曉嵐太不尊重人，決定對其懲戒一番。一日遇到紀曉嵐時，便說：「久聞紀學士才高八斗，我有一上聯：『三才天地人』，請幫忙對出下聯。」紀曉嵐謙遜道：「過講過講。」隨即對道：「四季夏秋冬」。總管便問：「四季乃春夏秋冬，怎麼沒春呢？」紀曉嵐往太監總管的下身看了一眼，奸笑道：「春沒了。」

借語作橋法的難處，不是尋找兩頭契合的詞語，而是從對方的話中看中一個詞語，把它抽出來，這個詞語要便於組成你自己的語句。好像是小學生在造句練習，不過比小學生多了一個要求，那就是造出來的句子意思不得與對方的願望

一致或相似，只能與對方的願望相反。

英國作家理查·薩維奇患了一場大病，幸虧醫生醫術高明，才使他轉危為安。但他欠下的醫藥費卻無法付清。最後醫生登門催討。

醫生：「你要知道，你是欠了我一條命的，我希望你有價報償。」

「這個明白。」薩維奇說：「為了報答你，我將用我的生命來償還。」說罷，他遞給醫生兩卷《理查·薩維奇的一生》。

這比向對方表示拒絕或懇求緩期付款的有趣得多。其方法並不複雜，不過是接對方的詞語（生命＞然後以歪解，把「生命」變成「一生」，顯然二者在內涵上不一致，但在概念上能掛上鉤就成。）

借語作橋法，不一定都用於鬥智性的戲謔，也可用於一般性的調笑。其特性是抓住對方話中一句詞語，構成一個無任何攻擊性的句子。

借語作橋法的關鍵在於接過話頭以後，要展開你想像的翅膀，敢於往不可能實現的地方想，往荒唐的、虛幻的地方想。千萬別死心眼、傻乎乎，越是敢於調皮搗蛋，越是善於胡說八道，越是逗人喜愛。

▎忍痛作趣法

忍痛作趣法是指當人們受到傷害時，卻淡化自身的痛苦，並以輕鬆、詼諧的方式攻擊對方。

曾經有一個相聲，說的是有一個人患了盲腸炎，醫生為他開刀，割去了盲腸，患者痊癒後，小腹仍時時作痛，經檢查，原來是醫生把手術剪刀留在裡面了。於是重新開刀。事後，病人仍感腹中氣脹，經檢查，原來是紗布遺忘在腹中了。又開刀，仍不適，原來是棉花遺忘在腹中了，於是，病人對醫生說：

「你還不如在我的肚子上裝個拉鏈更方便呢！」

要化痛苦為幽默，關鍵在於進入一種假定沒有生理痛苦的境界。一切絕不相干的東西，會因一點相關而突然變得一致了。

當然，忍痛作趣法的範圍不僅僅限於生理上的痛苦，有時則是心理上的痛苦，如果能把心理的痛苦忍住，則不難把不相同的東西扯到一起，甚至合二為一，使之產生諧趣。

有一個西方笑話，說的是一個人回到家中，發現當地神父正和他的妻子在床上赤著身子緊緊擁抱，這種情形無疑會讓每一個置身此境的男人火冒三丈。但如果把痛苦直接發洩出來則不屬於幽默的範疇，要幽默首先得把痛苦淡化到等於零的程度。笑話中的這位丈夫正是這樣把痛苦不當一回事，

而跪到窗口對著天空作起了禱告。神父驚惶不迭問他怎麼回事，他說：

「既然你代替我行使職責，我只好也代替你行使職責了。」

這自然是個笑話，世界上可能沒有一個丈夫會有這麼大的心理承受能力。

這也可以從反面說明，通常人們在痛苦的困境中之所以不能幽默，究其原因，主要有兩點。

第一，幽默要求人們忘卻眼前的現實的嚴峻性，這是違反了人的基本特性的，即使是假定性的忘卻，也是很困難的。

第二，幽默要求人們把性質不同的東西不動聲色地混合起來，哪怕是口頭上混合起來，這也是很困難的。

人們學會講話和思考的基本法則就是把不同的事物概念和語言區別開來，而幽默似乎要把人們的日常語言和思維搞亂了才成。

如果你不能忍受你日常語言和理性思維的規範服從於幽默的談吐和思維的規範，那你就可能把自己關在幽默的大門之外。

▎隨機應變法

　　這種幽默技法也許用不著解釋，隨機應變就是隨機應變，在隨機應變中實現幽默角色的自然轉移。

　　在美國的一家大飯店裡，當侍女為一位顧客端上來一份芥末馬鈴薯糊時，順便問道：

　　「您是做什麼的？」

　　「我是葡萄牙國王。」

　　「噢，這個工作倒不錯！」

　　這位侍女的幽默，就在於使用臨場發揮法，把自己上升到和國王平起平坐的地位。

　　有個鄉下小學的老師在批改學生作文時，看到這樣的一段話：

　　「那天早上剛開門，就看見一堆牛屎，使我大吃一斤！」

　　老師看後，忍不住笑，便在這段話的一旁寫下批語：

　　「千萬不能大吃一斤，小吃一兩也使不得。」

　　引出幽默臨場發揮，當然錯別字還得更正囉！

　　寫錯別字鬧出笑話的，當然不是學生的「專利」，而是自古有之，下面一則笑話也有同工異曲之妙。

　　李鴻章有個遠房親戚，不學無術，胸無點墨，卻也赴京應考，想謀個一官半職。

　　試卷到手，他卻一個字也答不上來，只知道瞪著眼睛咬

筆桿子。最後，勉強寫了幾句，總算不是交白卷。可是，這樣的卷子又怎麼能考中呢？焦急中他想起了自己和李鴻章的親戚關係，便連忙在卷末寫上了：「我是當朝中堂大人李鴻章的親戚」幾個字，想讓考官大人看在李鴻章的面子上看上他。無奈他連「戚」字也不會寫，竟寫成了：「我是當朝中堂大人李鴻章的親妻。」

這年的主考官為人耿介，看了他那狗屁不通的答卷，正要棄之一旁，忽然發現了卷末的這行文字，一看，不禁又好氣又好笑，於是提起筆在卷旁批道：

「所以，我不敢取（娶）！」

這位主考官的隨機應變似乎更為絕妙，他巧用諧音，一語雙關，成了一時佳話。

如果說前面的侍女的隨機應變屬於高攀法，那麼，那位老師的幽默就是一種低就法了。然而，不管高攀也好，低就也罷，只要把隨機應變法運用得當，幽默角色也就自然而然地轉移了。

▌職業輻射法

任何職業都有它自身的幽默，利用職業的性質、特點產生幽默的方法，就是我們要說的職業輻射法。

世界上可以有單調枯燥的工作，但幽默感絕不會因此而蒸發。

俗話說：「三句話不離本行」，我們從不同職業、工種和身分的人說的話中，就能感到幽默的輻射。

「題海無邊，回頭是岸！」這是一位教師在高考前，提醒那些一頭栽進「題海」出不來的學生時說的話。

「加油加到了水，接人接到了鬼！」不用問，這是出租汽車司機發的幽默牢騷。

「滿口金牙的人，說的話也不見得貴重；一口假牙，並不妨礙你說真話！」說這話的並非哲學家，而是一位牙醫，誰說牙醫只會說「嘴，張開」。

「從前我指哪兒，人們看到哪，現在是人們指哪，我拿到哪兒！」這是一位唱花旦的京劇演員改行當了營業員之後親身感受，幽默感的形象都輻射出來了。從前她在舞臺上，蘭花指牽動著觀眾的目光，現在是身在櫃臺前，顧客的手一指，她得去拿。

以職業性質、特點產生的幽默，幾乎比比皆是，可以說，三百六十行，行行都會開出幽默之花。因此，職業輻射法的幽默技巧的運用，是相當普遍和廣泛的。

一個銀行家在海水浴場打瞌睡。海水漲潮了，好心的人叫醒了他。

「先生，海水要漲了。」

「好，那就賣出吧！」

這位銀行家對於「漲」字有一種職業性的敏感，難怪他聽到「海水漲了」，也要吩咐人立刻賣出。

一位冠軍運動員因患重感冒臥床不起，醫生告訴他，他在發高燒。他問道：「體溫多少度？」

醫生說：「41度！」

運動員又急切地問道：「那麼世界紀錄是多少？」

這位運動員的職業病也許比重感冒更嚴重。即使自己身患重病，臥床不起，卻還念念不忘「世界紀錄是多少」，爭強好勝之心溢於言表。

有一位花匠，主人關照他說：「今天馬伕生病，你送一點水給馬喝。」

「知道了！」他拿了一隻噴壺，在馬頭上亂澆了一陣。

俗話說：「隔行如隔山。」但是，像這位花匠，主人交待給馬飲水，他卻拿噴壺往馬頭上澆水的「外行」，倒十分少見。這種幽默確實令人忍俊不禁。

▌變換詞義法

變換詞義法，就是在一定的語言環境中，把聽眾熟知的某詞語的甲義轉換成乙義，從而造成幽默效果的方法。此法在人際交往中運用廣泛。

公園裡有位年輕人給一老婆婆照相，由於技術生疏，所

以讓老婆婆一會兒登上假山旁，一會兒坐在石椅上，折騰了老半天，還沒能照好。老婆婆有點沉不住氣了，說：「年輕人，婆婆我這把歲數了，老手臂老腿的再這樣折騰下去，我可不找你照啦！」

「那您老要找誰照啊？」

「找大夫照，看看我這老骨頭折了沒。」

對話中，前面兩個「照」指的是「照相」，在聽者心裡形成「定勢」，概念明確，印象深刻。而後一個「照」卻變換詞義，變為用 X 光「照」，即上醫院拍片檢查是否骨折，造成很大的變異，因此幽默感便形成了，老婆婆的話則顯得十分風趣。

古代人就很懂得以變換詞義產生幽默。

宋代大理寺丞石延年幽默風趣。有次他出巡報寧寺，馬伕一時大意，沒能管好馬匹，讓馬受驚了。馬驚咆哮亂跳，把石延年顛落在地。侍從慌忙上前把他扶起。

此時，馬伕嚇得面如土色，跪倒在地，等候責罰。旁邊不少閒人也都圍攏過來，想看看這位大學士如何懲辦馬伕。四周寂靜無聲，氣氛相當緊張。

只見石延年拍拍身上的塵土，微笑著對馬伕說：「幸虧我是石學士，如果我是瓦學士，豈不是要摔得粉碎了嗎？」一句話，說得大家哈哈大笑。

石延年這句話，既表示了他對下屬的寬容與諒解，又緩和了當時緊張的氣氛。在友善的笑聲中，石延年既使馬伕擺脫了困境，也使自己擺脫了窘境，豁達大度，仁厚可親，深得民心。

細究這句話的幽默技巧，關鍵是把「石」詞義變換了：即從「姓氏」變到「物體」——石頭。這種語義的隨機應變，在聽眾心中形成鮮明的不協調。因為「石延年」的「石」是「姓氏」，聽眾十分清楚，「根深蒂固」，現在突然變成「石頭」的「石」，則感到怪異、滑稽，因而引起眾人的笑聲。

使用變換詞義法應注意的幾點，一是所變換的詞一般應為較通俗的多義詞，普通聽眾一聽就能理解；二是未變換的詞義應十分明確，要透過講話時強調句子的重音，放慢語速，適當解釋等，給聽眾明白清晰的印象，以便為後面的變換設置鋪墊；三是變換後的詞義應是該詞的常用義項。一般不宜選用生僻難懂的義項，更不能任意杜撰，否則，聽者對所變換的詞義不理解，前後差異就難以產生，幽默感也就難以形成了。

▋含蓄表達法

說話含蓄，是一種藝術，同時也是幽默的一大技巧。常言說：「言已盡而意無窮，含意盡在不言中」。含蓄表達法是

把重要的、該說的部分故意隱藏起來，或者說得明顯，卻又能讓人家明白自己的意思，而且把幽默寓於其中。

含蓄表達法這種幽默技巧，有一定難度，它要求有較高水平的說話藝術和高雅的幽默感，它表現了說話者駕馭語言的功夫和含蓄表達幽默的技巧，同時，也表現了對聽眾想像力和理解力的信任。

如果說話者不相信聽眾豐富的想像力，把所有的意思和盤托出，這樣不但無法發揮幽默的作用，而且平淡無味、言語遜色、使人厭倦。因此，有的話不必直說，甚至把本來可以直說的話，故意用含蓄表達法表達，從而產生一種耐人尋味的幽默效果。

在現實生活中，這種運用含蓄表達法幽默技巧的例子，經常見到。

英國思想家培根（Francis Bacon）說過：「交談時的含蓄和得體，比口若懸河更可貴。」

下面我們看一個「含蓄表達」和「鋒芒畢露」對比的例子。

有一家理髮店，門前貼著一副對聯：「磨刀以待，問天下顧幾許；及鋒而試，看老人手段如何！」這副直來直去的對聯，磨刀霍霍鋒芒畢露，令人膽寒，嚇跑了不少顧客，自然門可羅雀。

　　而另一家理髮店的對聯則含蓄幽默：「相逢儘是彈冠客，此去應無搔首人。」上聯取「彈冠相度」的典故，含有準備做官之意，又正合理髮人進門脫帽彈冠之情形，下聯意即人人中意，心情舒暢：兩家理髮店相比，效果自然不言而喻。

　　含蓄表達法的幽默技巧，有時是人們用故意游移其詞的手法，既不肯語言規範，又給人以風趣幽默之感。如有的演員自嘲自己長相差時說自己「長得困難」、「對不起觀眾」；營業員遇到顧客買了商品未付款而準備走時，問一句：「我找你錢了嗎？」—— 大多數顧客會馬上回答：「哦，我還沒付款呢！」而說一個人「貪睡」為「對床鋪利用率很高」等等。

▌機械刻板法

　　僵化的機械性不但有悖於客觀環境，而且有違於主觀意願者，其幽默效果比較溫和。因為消極後果之產生，並非出於人物主觀願意，與主觀品格無關，可笑之外完全在於此人之失誤，在主觀動機上，他並無可恨之處。

　　當機械的刻板勝過現實的迫切需求時，幽默的趣味就產生了。

　　在西方的戲劇性文學作品中，機械刻板法是一種構成幽默的常用辦法。它所諷刺的對象不是社會的刻板法規，就是

人類自身的僵化教條，在莫里哀（Molière）的一句喜劇中有一位醫生居然這樣說：「你所提出的論證如此淵博，如此充實，使得這個病人的憂鬱性精神錯亂無藥可救了。即使沒有這種病，你那富麗堂皇的詞句和精闢的論證，也會把他變成這樣的病人的。」

這是諷刺某些人迷信僵化的教條，這種人的特點是只相信機械的論證方法，而不相信瞬息萬變的活生生的生活。莫里哀筆下的醫生常有這樣的特點。柏格森嘲笑一個極端迷信辯論的哲學家說：「你的論證是無可指責地符合演繹法的，但實驗結果則恰恰相反。」這位哲學家卻回答說：「實驗錯了。」

這與中國古代一個笑話不謀而合，有一個人的丈母娘死了，請老師做一篇祭文，老師按照書本照抄了一篇祭妻文章。人家發現了，對他說：「你的文章寫錯了。」他說：「我的文章是書本定的，如何有錯？只怕你家死錯了人。」

從現實生活中，這樣迷信機械刻板的形式，而不尊重事實是要碰得頭破血流的，但是如果你想開玩笑，以幽默的趣味互相愉悅，就得遵循這種不顧事實，只管機械教條的法則。

通常口頭禪是沒有必要的，並不一定會達到可笑的程度。但是如果把某一口頭禪放到一種特殊情境，使得這種無

必要的口頭禪變得比一切有必要的事情更為有力，就顯出了那機械刻板的慣性怪異力量的可笑了。

懂得此法以後，要形成此類幽默就不太困難了，把一個行為放在一個特別與它不相容的情境中，就會產生某種幽默的意味。清朝的《笑林廣記》中有這樣一個故事：

有一個人好講不吉利的話，人家都很討厭他。有一富翁新造一房，此人前往看視，敲門不應，大罵：「牢門為何關得如此緊？」富翁出來說：「我這房子價值千金，你怎這麼無理！」此人曰：「豈值千金。」富翁怒曰：「我並沒有賣，誰要你估價？」此人曰：「我勸你賣是好意，若遇一大火，連屁也不值。」

這是故事的上半段，自然頗具諧趣，但是並不特別有味，因為太多無理謾罵之語，有不近人情之嫌。故事的下半部分就不同了。

一家人五十得子，人皆往賀，其人也欲前往，友人勸阻不聽，此人應答：「此去一言不發。」結果入門賀喜，直到入席吃酒始終一言不發，其友甚滿意，最後向主人告別，此人對主人說：「今日我一句也沒說，我走後，你家娃娃若是傷風死了，可就與我不相干。」

這個故事顯然比上面一個幽默得多，原因在不但情境與不吉利語尖銳矛盾，而且此人本身之聲望與不吉利語也尖銳矛

盾，使不吉利語的習慣性機械性力量，竟然大到超過此人的自我控制力鬧到與自己作對的程度。怪異效果自然更加強烈了。

僵化的機械性不但有悖於客觀意願者，其幽默效果比較溫和，因為消極後果之產生，並非出於人物主觀願望，與主觀品質無關，可笑之處完全在於此人之迷誤，在主觀動機上，他並無可恨之處。

有一道學先生，走路一步三搖。恰遇天下大雨，他急忙跑起來。忽然想到，亂跑有失尊嚴，君子犯了過失，應當勇於「悔改」，於是他又冒雨回到原來的地方，安詳地在雨中踱走方步來。

這即使機械刻板，但卻很可笑可愛。

▎鋪平墊穩法

鋪平墊穩法幽默的功效是常理與反常歪理互相映襯，互相得到幫助。它是展開一個歪理的過程，開頭不太歪，越接近常理對方越是難以發現它的陷阱。好比地面置物，不平處須鋪平，不穩處須墊穩。讓對方在不知不覺的過程中受騙，而且讓他覺得受騙是一種享受。

鋪平墊穩表現為兩點：第一，在開頭不露馬腳，因為馬腳一露，概念和判斷的陷阱就失去功效；第二，在結尾高潮，不引起困惑，困惑乃享受頓悟之大害。

　　有一個單口相聲說，一個裝瘋的醉漢躺在馬路上，自行車來了不躲，三輪車來了不躲，汽車來了也不躲，待鳴著警笛的救護車一來，聽眾按照邏輯推演，認為他仍不會躲，可是他一反常態，突然爬起來，乖乖躲開了，原因是怕救護車把他送到醫院，要花好多銀子啊。故事到了高潮，不但沒有更加違反常理，反而更加符合常理。藥價猛於虎，醫院進得出不得，救護車來了，不但成為他爬起來的充分理由，而且成為他在其他車子開來時不爬起來的充分理由。

　　清朝程世爵寫的《笑林廣記》中，有一個故事叫《談天》是講空間距離的。

　　有一群人在爭論天地之間的距離。有一個農夫插嘴說：「天與地之間的距離只不過三四百里。從地到天慢走三四天可到，快走三天即到，六七天來去一趟綽綽有餘。」大有問他有什麼根據，他說：「你難道不知道灶神上天的風俗？臘月二十三送灶，臘月三十迎灶，時間也就是七天。去一程，三四天。最多也就三四百里路。」大家哄堂大笑。

　　靠主觀感覺推理是這個故事的特點，從科學原理來說，自然是不足為據的，但是從幽默感的表達來說，有這麼一說就夠了。

　　要使你的談吐有幽默之趣，說難也難，說容易也容易。說難是因為人很難打破科學認識邏輯的強大優勢，說容易是因為只要你隨便找到一個主觀感覺作為客觀現實的根據，明

知其不科學、不全面、不可靠也不要緊，只要表達了你主觀情趣就成。

▋導致荒謬法

導致荒謬法是對對方的邏輯和結論不作正面的反駁，而把它作為前提加以演繹和引申引到一個顯而易見的荒唐結論上去，由結論的荒唐從反面證明對方的荒唐，這是中西古代哲學家常用的方法，在形式邏輯上叫做「導謬術」。

用這種方法，由於結論是顯而易見的荒謬，因而比一般反駁要有趣的多。

某小學上作文課，教師出了一個題目《放學路上》，絕大多數學生都寫一些虛構的俗套的故事，因而驚人地相似。如果從正面去批評就只能說，這麼多雷同，只能證明你們都是編造的。這樣批評是很正確，但並不一定有趣，也不一定能立刻使小學生心悅誠服和教師在看法上一致。

但這位老師沒有從正面去進攻，而採用導致荒謬的方法。他說：「你們的作文，三分之一寫撿到錢包交給警察，三分之一寫在公車上讓位給孕婦，三分之一寫扶人過馬路。別的不說，光說撿錢包，我活了這麼大年紀，上班下班走了這麼多年，就沒有你們那樣好運氣，我怎麼一次也沒有撿到過錢包啊！」

　　小學生哄堂大笑起來。

　　這說明，他們立刻分享了教師的幽默，也同意了教師的觀點。

　　比之正面反駁，導致荒謬的好處就在於它有趣而且能迅速與對方分享，使雙方不但在認知上，而且在情感上達到一致。

　　幽默能消除二者在情緒上對抗的可能。

　　有趣的關鍵在於極端的荒謬。

　　不荒謬，就不可能有趣。可是對方的結論並不是本來就荒謬的。荒謬是引申出來的，因而能不能幽默起來取決於你引申的能力和魄力。

　　這類幽默感的程度取決於荒謬的程度，越是荒謬越是幽默。荒謬感不足，則幽默感也不足。

　　某人要學佛法，夏夜赤身在山邊坐臥，禱告表示願「捨身餵蚊」。觀音菩薩欲試其誠意如何，便化為一隻老虎向他撲去，此人大驚失色，拔足狂奔說：「我請不起這樣的大客人。」

　　這裡有一點荒謬感，但不足。原因是內在邏輯推理不嚴密。此人原禱告只表示願「捨身餵蚊」並未自願「捨身餵虎」，導致荒謬的幽默必須嚴格尊重其原有的前提。其次荒謬的結論必須由前提引申出來，不能越出原來的前提範圍之

外。這裡最後的結論是：「請不起這樣的大客人。」原前提「捨身餵蚊」中並無「請客」之意。如果改成：「我餵不起這麼大的蚊子！」就嚴密得多，也就幽默得多了。

導致荒謬的邏輯也有荒謬的嚴密性。嚴密性與荒謬性的結合不夠，會影響幽默的效果。

古希臘柏拉圖學派的一位辯證論者與一位大儒派的哲學家做詭辯遊戲：

辯證論者說：「我與你不相同。」

大儒派哲學家：「我同意。」

辯證論者：「我是一個男人。」

大儒派哲學家：「同意。」

辯證論者：「因此，你不是一個男人。」

辯證論者設下圈套，首先讓對方同意他與對方不同，然後肯定自己是男人，從而推出對方既然不同於男人，就應該不是男人。這是一種典型的詭辯。但是要反面反駁他，頗為不易。大儒學派的哲學家用導致荒謬的辦法來反證他的錯誤：

「如果你認為這句話成立，那麼請你從我這裡開始再說一遍……」

如果由大儒學派開始說，他與辯證論者不同，而大儒學派是男人，則辯證論者不同於男人則應該不是男人。

　　不過是調動了順序，就有兩個相反的結果。

　　這顯然是荒謬的，但其中幽默很少，原因是嚴密性雖有，荒謬性則不足，純屬智力遊戲，理性的誘導而無雙方情趣的交流和共享。

將謬就謬法

　　將謬就謬幽默法是不要立刻糾正對方的荒謬，而是模仿他的推理方法，使戲謔味升級的一種幽默術。

　　在人際交往中，互相幽默地攻擊有兩種，一種是純粹戲謔的，主要為了顯示親切的情感引起對方的共鳴，或者為了展示智慧，引發對方欣賞。一種是互相鬥智性的，好像進行幽默外的比賽，互相爭上風，這時的調笑性攻擊更重要。當然有時攻擊性是很兇猛的，但表現形式是很輕鬆的。不管有無攻擊性，都以戲謔意味升級為主，將謬就謬乃是使戲謔意味升級的常用辦法。即明明知道對方錯了，不但不予以否定，反而予以肯定。肯定的結果是更徹底的否定。

　　一位小姐與一位先生正在聊天。小姐認為世界上最鋒利的是這位先生的鬍子。這位先生不解。小姐說：「你的臉皮這麼厚，但你的鬍子居然還能破皮而出！」

　　這顯而易見是戲謔性的，因為其原因加結果之間的關係是荒謬的。與其說顯示先生的臉皮之厚，不如說顯示了小姐的口齒之伶俐。在戲謔性的相互攻擊中，戲謔性要遞增，但

方向要恰恰相反。正如中國古代書上所說的以子之矛攻子之盾。

然而，這位先生卻將謬就謬，將這位小姐的荒謬往更荒謬處推演。

他反問：「小姐，你知道嗎？你為什麼不生鬍子？」小姐自然不知道。

「因為你臉皮更厚的緣故，連尖銳、鋒利的鬍子也無法破皮。」

這位先生反攻小姐的根據並不是另行構思的，而是從小姐攻擊他的邏輯上伸出來的。即我有鬍子是因鬍子尖利透了皮膚，而你沒有鬍子是因為你的臉皮更厚，再尖利的鬍子也無用，同樣的前提取得相反的結論，指向不同的目標。

這種以謬攻謬法的幽默特點是後發制人。關鍵不在於揭露對方的錯誤，而是在荒謬升級中共享幽默之趣。而要達到這個目標，得有模仿對手推理錯誤的能耐。

在通常辯論中，將對方的錯誤越是迅速的加以指出，越是有水準。而在戲謔性幽默中則不然，不但不能揭穿它，反而要去模仿它。要沉得住氣，才是幽默家，沉不住氣，只是小聰明而已，所謂不動聲色，大智惹愚者，上也。

模仿荒謬推理能力的大小，取決於類比能力的大小。對方在這一件事上荒謬，你把荒謬回敬給對方，但有時不一定要後發制人，也可以先發制人。關鍵是抓住類比。

█以謬還謬法

這種幽默方法的特點是回答的話不涉及正面意圖，正面意圖全由不著邊際的荒誕來反對。它一般用於親近的人際關係之中，作為調笑之用，也有的用之於關係疏遠的人際關係之中作為反擊之用。它的調笑功能和反擊功能要嚴加區別。

當你不能不拒絕別人不合理的要求時，直接拒絕會導致不必要的緊張。如果用以謬還謬法，讓對方去體會他自己要求的不妥之處，比正面頂回去要文雅得多。

上個世紀末，倫琴射線的發明者收到一封信，寫信者說他胸中殘留著一顆子彈，須用射線治療。他請倫琴寄一些倫琴射線和一份說明書給他。

倫琴射線是絕對無法郵寄的，如果倫琴直接指出這個大的錯誤，並無不可，但多少有一點居高臨下的教訓的意味，倫琴採用了以謬還謬法。

倫琴提筆寫信道：「請把你的胸腔寄來吧！」

由於郵寄胸腔比郵寄射線更為荒謬，也就更易傳達倫琴的幽默感。

這樣的回答是給對方留下了餘地，避開了正面交鋒的風險。在家庭生活中，尤其是夫妻生活中，針鋒相對的爭執常引起不良的後果，而以謬還謬的幽默，有利於把一觸即發的矛盾緩和。

　　一個婦人和丈夫商量：「我想在鋼琴上放一座音樂大師的塑像，你看莫扎特、貝多芬、李斯特之中誰最合適？」

　　丈夫回答：「當然是貝多芬了。」

　　她高興地問：「為什麼？」

　　「因為他是**聾子**。」

　　妻子出走已不成為其家，丈夫也出走，更不成為家，這是一種荒謬。丈夫本該留她，卻和她一起走，這是雙重荒謬。正因為雙重荒謬，丈夫的真正意圖才能讓妻子去體悟，而不是由丈夫以衝突形式去強加。

　　馮夢龍在《笑府》中有這樣一個故事：

　　有一個人請來木匠裝門，木匠卻把門栓裝到了外面。此人責怪木匠：「分不清內外，真是瞎了眼睛！」木匠反唇相譏：「你不瞎了眼，怎麼會請我這個瞎眼木匠！」

　　這是利用以謬還謬法來反駁，而不是用來化解矛盾的，非不得已，不能運用。一旦用來反駁。則針鋒相對的火藥味就相對濃些，而輕鬆的幽默意味則相對淡些。以謬還謬法的調笑功能和反擊功能要特別細緻地加以區分，稍有粗心大意都可能導致弄巧成拙。總括來說，反擊功能，分寸很難掌握，風險較大，調笑功能則安全係數較大，因而運用起來也自由得多。後者在人際交往中有廣泛的適應性。

　　用以自我調侃的，往往有故作蠢言的特點，不過不是一

次完成，而是一種蠢言引起另一種蠢言，在效果上把荒謬放大了。

廟裡有兩個和尚，一個和尚爬上房頂，看到滿天星斗，就拿釣竿去釣星星，另一個和尚看見了就笑他：「你真是個傻瓜，這麼短的釣竿怎麼能釣到，要換根長的才行！」

後面這個和尚是真傻還是假傻呢？我們不去管他，但作為一種幽默方法，凡所作傻言都要是假的才有味。

有一個翰林院出身的人做了蘇州的通判官，他卻胸無點墨。有一次他走過一個墓地指著墓前的「翁仲」說：「這是仲翁師！」手下掩嘴竊笑。事後有人寫了一首詩：

翁仲如何作「仲翁」？只因窗下少「夫工」；如何做得「院林翰」，只好蘇州做「判通」。

本來就很荒謬，經過一引申，就放大了。通篇沒有一句正面攻擊的話，但其由於反語的排比構成了比正面的攻擊更強烈的效果。

▎謬上加謬法

謬上加謬法是把一種荒謬極端化或者把荒謬性層層演進的幽默術。它要求不但有幽默感，還要使幽默感的程度加大。這就要求幽默家把微妙的荒謬性擴大為顯著的荒謬性，把潛在的荒謬性提高為擺在面前的荒謬性。

　　古代有個笑話：說是一個人非常吝嗇，從來不請客，有一次別人問他僕人他什麼時候請客，僕人說：「要我家主人請客，你非等來世。」主人在裡面聽到了，非常生氣地責怪僕人：「誰叫你許他日子的！」

　　本來說：「來世請客」，已經由於來世的不存在不可能了，也可以說徹底否定了，說的人和聽的人都很清楚，沒有任何疑問。從傳達思想來說這種極端已經足夠了，但是從構成幽默效果來說，還不夠，因為它太平淡了，不夠極端，幽默感所要求的荒謬，得有點絕才成。

　　這裡的主人絕就絕在明明來世請客是永遠不請客的意思，否定的意思，他卻認為不夠，因為從形式上來說來世請客，句子是肯定的，還沒有達到內容到形式絕對否定的程度。在他看來哪怕是否定請客的可能性，只要在字面上有肯定的樣子也都是不可容忍的。正是這種絕對的荒謬產生了幽默感。

　　有一個古羅馬時期傳下來的故事是這樣的：有一個人想要安安靜靜地工作，就吩咐僕人，如有來訪者就說他不在家。這時有一個朋友來了，遠遠看到他在家中，雖然他不相信僕人所說的話，仍然回去了。這裡沒有什麼極端化的成份，也沒什麼可笑的地方。要讓笑意不由自主地產生，就得往極端上推。

故事接下去這樣說：

第二天，這個拒絕接客的人，去拜訪他的朋友，他的朋友出來對他說：「我不在家，我不在家！」

這已經夠荒謬了，明明自己出來了，卻說不在，但是還不夠絕，因為這種荒謬還帶著賭氣的可能，純賭氣則不屬於幽默之列，它與輕鬆的笑無緣（除非是故意假賭氣），客人表示大惑不解。他說：

「你這太過分了，昨天，我都相信了你僕人的話，而今天，你居然連我親口說的話也懷疑。」

這話真叫絕了。

絕就絕在一句話中包含有多層次的荒謬，第一個層次，明明在，卻說不在；第二個層次，你昨日明明在，卻讓僕人說不在，這成了我今日說不在的前提；第三個層次，我明明知道你僕人說謊卻相信了，因為我比你的僕人的地位更高。

強化幽默效果的方法除了把荒謬推到極端外，還可以將多種荒謬集中在一個焦點上，成為復合的荒謬，我們把它叫做謬上加謬或謬上疊謬。

謬上加謬的特點是不管多種可能性的，它只管一條路往荒謬的結果上推演，歪理歪推才有強烈的幽默感。

▌歪打正著法

歪打正著法是一種因果關係非常自由的幽默術。它的特點是起因與結果的不相干或不相稱。

隨便打開一本西方的連環畫，你總是不難找到偶然巧合的連鎖反應。例如一位先生匆匆忙忙衝進一間客廳，碰到一位太太身上，這位太太的茶杯落到一位老先生身上，而老先生碰破一塊窗玻璃，窗玻璃落到街上打中警察的腦袋，警察發動全城的同伴追查，如此等等。非必然非因果的成分越多，越能引起人的喜劇感。這種喜劇風格在西方文藝中是有傳統的。試回憶一下塞凡提斯（Saavedra）的《唐‧吉訶德》就好。例如客店那一場，騾夫純偶然，揍了桑喬一下，桑喬又打了馬立托奈斯，老闆又摔倒在馬立托奈斯身上。在現代西方喜劇中，這屬於通俗喜劇。原因是由純粹的偶然性疊加而成，柏格森把這種形式稱之為「滾雪球」的形式，它的功能是一系列的誤會使原來正常的動因變成了歪曲的結果，而且越來越歪，離原來的目的越遠，可以說越打越歪，越歪越打不著。

在古典正統文學中很少有這樣淋漓盡致的喜劇，但在民間文藝中則不乏這種風格的精品。有一個單口相聲叫做《小神仙》，說的是一種相面的迷信職業者，善於製造聳人聽聞的效果。恰巧場外有人打架。一個老頭子抱著一把宜興壺

往場裡擠，正好燙著一個年輕人的手臂，兩人吵了起來。小神仙為穩住看客，就對老頭子說，你的這把壺出了格了，今天，明天，後天這三天要摔破，要是三天不摔破，保存到第四天，就價值連城，賽過聚寶盆哪。老頭子立即回家找尋安全之地，最後在牆上掏了個洞，把壺放在裡邊。誰知鄰居只有一身出客衣服。白天穿，晚上洗，要在房間裡搭竹竿，隔牆釘一鎚子正錘在老頭子的壺上，果然碎了。

這是古典型的歪打正著，嚴重結果與完全不相干的原因形成反差。

有時並不一定是期待的落實。而是相反，在期待和願望層層演進的過程中，突然無可奈何地落了空。這是西方古典喜劇或幽默小說的常用手法。

在傳統的幽默故事中，不乏這樣偶然性的連鎖結構。

有一個大和尚對佛法一竅不通，有人前來問法，全靠兩個做侍從的小和尚代答。有一天一個遊方僧向大和尚請教，正巧小和尚不在。

遊方僧問：「什麼是佛？」大和尚茫然，他東顧西盼不見小和尚。遊方僧又問：「什麼是法？」他感到上天無路入地無門，只好上看下看。遊方僧再問：「何為僧？」大和尚閉目想了半天也沒想出來。遊方僧又問：「什麼是修法之道？」他自愧一無所知，還當什麼大和尚，不如伸手乞討，當叫花子，遂手伸了一下。

遊方僧出來對兩個小和尚說：「剛才我向你師父求教，我問佛，他左顧右盼，分明是說人有東西，佛無南北；我問法，他上看下看，是說法本平等，無分上下；我問僧，他閉目無語，是說『白雲深處臥，便是一高僧。』我問修法之道，他伸出手來，當然是『接引眾生』的意思。這位大和尚真是明心見性，佛法精通。」

這自然是屬於歪打正著之列。但是歪因正果之間得有一種表面的歪曲連繫，這種連繫在實質上不管多麼不通，可是在表面上要能發生瓜葛，這種瓜葛越是貌似緊密，就越能構成幽默感。

歪解包袱法

歪解包袱法是相聲中常用的逗觀眾發笑的方法之一。所謂包袱，就是一個奇特的結果，一種可疑的結論。解包袱，就是為這種結論或結果尋找解釋，或求其原因。而歪解包袱者，不求正正噹噹地原因，尋找的是不是原因的原因，如果一本正經找到了很科學的原因，倒反不幽默了，要弄出一種似是而非，甚至根本驢頭不對馬嘴的原因，才能表達調侃之情，與對方共享幽默之趣。

比如說，你的朋友最近臉色變紅了或者變黑了，通常按邏輯常理去思考問題，會不由自主地想，臉紅是身體健康、營養豐富的緣故，而臉黑則是在陽光下曝晒過多的結果。這

種因果很科學，很符合邏輯，但是它不幽默，幽默屬於情理範疇，自有另一套邏輯，它與常理不同。所以，要有幽默感，首先要得超越於常理之外。如果你說臉紅的原因是由於近來吃多了番茄，臉黑的原因是由於近來多吃了烏賊魚，這不科學，但是可能很幽默。

　　超越常理的歪理最好是與常理構成反差對照。而且，在另外一個層次上又與常理髮生某種連繫，間接地暗示更深刻的常理。如果純係歪理，充其量不過是滑稽而已，很少有深刻的睿智在內。一旦有了更深刻的睿智，滑稽就上升為幽默了。所以歪解包袱並非越是荒謬絕倫越好，其上乘者乃是歪中有正。這種區別非常重要，在人際交往中過分的歪解，缺乏智慧，可能變成耍嘴皮子，給人一種油腔滑調輕浮惡俗之感，而智慧的滲入則可提高幽默的品級，把對方的心靈帶到更高的層次；在輕鬆談笑之間不但對方為你的諧趣所吸引，而且為你的睿智和深思震動。

　　在馮夢龍的《笑府》中有這樣的一個故事：

　　三個人同睡，一個人感到腿癢，直抓出了血。第二個人摸到腿上溼處，以為是第三個人遺尿，就催他起身。第三個人去小便，聽到隔壁酒坊滴酒聲淅瀝不止，認為自己一直沒有撒完，竟站到天亮。

　　這個故事歪曲因果的連鎖結構很緊湊，層層疊加效果也很強。

在社交中，特別是朋友親戚比較密切的人際關係中，歪解因果的方法有比較廣泛的適應性。由於人際關係的親密，雙方都容易打破禮儀的拘謹，構成對常理的超越。如一個朋友唱歌唱得好，本來是由於他的天分和勤奮或有名師指點，可是用歪解因果的辦法就可以來一點任意性，你要開誰的玩笑，就可以說是由於誰的原因。他的妻子在場，就可以說，此人本來根本完全不適合唱歌，今天由於他妻子在場，因而得以超水準的發揮，這樣你就不但讚美了他的妻子，而且讚美了他們之間的愛情。如果你不願意去討好一個在場的人，也可以隨意給他一個不存在的原因。例如說，他今天之所以唱得好，完全是因為他已經得到消息，不久以後，瑞典皇家科學院將增設諾貝爾音樂獎，而他是第一個候選人。如果你覺得這樣還不夠曲折，太直接了，也可以把因果說得曲折多變一些，例如他唱得很好，但平時說話口吃，在一般情況下，口吃不妨礙他唱歌天才得以發揮，但每當他夫人在場時，他唱歌就會結結巴巴。

事實上幽默方法很多，不可能全部掌握，有的只能由自己靈活多變地去體會。

▌歪曲經典法

歪曲經典法是利用眾所周知的經典作背景，然後作出歪曲的荒謬解釋。這種幽默法的戲謔性極強。

如果這種曲解不是一次性的，而是連鎖性的，其諧趣則相應層層放大。

有一個縣官處理一切事情的唯一依據是一本《論語》，他常說：「人家都說半部《論語》可以治天下，何況我有整整一本。」

有一天早上，他升堂判處三個賊人。

第一個賊人偷了一隻小雞，縣官一翻《論語》，便判道：「黃昏時分，將此人判死。」旁邊一位幕僚暗暗對他說道：「太重了！」縣官瞪大眼睛道：「《論語》上不是說過，『朝產盜夕死可矣』嗎？」其實，原文是：「朝聞道，夕死可矣。」

第二個賊盜了一口鐘。看過《論語》以後，縣官匆匆宣布釋放。幕僚莫名其妙，縣官說：「《論語》云，『夫子之盜鐘，恕而已矣。聖人規定盜鐘是要寬恕的。」其實原文是：「夫子之道，忠恕而已矣。」他不但讀了白字，而且斷錯了句讀。

第三個是殺人放火的慣犯，縣官看了案卷，知道此人的父親也是個大賊，三年以前已經被斬首。竟馬上離座，對賊人納頭便拜，連聲說道：「三年無改於父之道，可謂教矣，你是個大孝子，公差無知，還請見諒。」

三個案件由於對《論語》的曲解程度和宣判失當的程度越來越離譜，因而顯得越來越荒唐。詼諧效果也就隨之層層遞加。

歪曲經典法除了用於自我調侃之外，還可以用諷喻他人。有時不便指出對手的錯誤，可以藉故事的形式，把對手的錯誤轉移到古人頭上去。

當然，這時需要類比得當，而且分寸也需斟酌。如果類比不當，對方可能無所感覺，如果類比過分直露，可能失去分寸，不但顯不出你的智慧豐富，而且招致對方的反感。

立志於談吐幽默詼諧者切忌「引喻失當」，諸葛亮在出師前上表蜀主劉禪，就提出過這樣的警告，這是因為作為蜀國的君主，他的地位要求他講話要明確，不可含糊，而且要有威嚴，引喻失當可能有損威嚴。

▎簡潔明晰法

幽默的效果大多是在與人交流溝通時產生的。要做到語言上的溝通，簡潔明晰法則是一個重要的幽默技巧。

有的人在公眾場合，為了給人造成高貴不凡，飽學詩書的印象，專揀冷僻生澀的字來用，結果常常澆得人一頭霧水，不知所云。這種情況，怎麼會有幽默感出現呢？

一位交通警察在指揮交通時，阻止一位駕車駛過他身後的老太太。他問：「夫人，難道你沒有看見我的手舉起來嗎？你不知道這表示什麼意思嗎？」

「當然知道，」她回答說：「我在小學教了四十年了。」

第八章　幽默七十變（一）

古語云：「言不在多，達意而靈。」要語不煩，字字珠璣，簡練有力，詼諧幽默，自然能使人感興趣，冗詞贅語，嘮嘮叨叨，不得要領，怎不令人生厭？有人說「惜墨如金」是指寫文章而言，其實，不少演講大師、幽默大師都是惜言如金的。

簡潔明晰法，並不是信口開河，它恰恰是深思熟慮的結果。只有這樣，幽默風趣才有內涵，演講和交談才有深度，才能打動人們的心。

有人曾問美國總統伍德羅·威爾遜（Thomas Woodrow Wilson）：「準備一份十分鐘的講稿，得花多少時間？」他答：「兩個星期。」又問：「準備一小時講稿呢？」他答：「一個星期。」「如果兩個小時講稿呢？」他回答說：「不用準備，馬上就可以講。」

簡潔，重要是內容上。一次說話，不能談太多的觀點，比較適合是談一至兩個。切記，「雞多不下蛋」，「觀點多了不幽默。」

當然，在實際運用簡潔明晰法時要注意，簡潔也是很有限度的，並不是一味求簡。一味求簡就可能弄巧成拙，不但不幽默風趣，反而會產生許多誤會。

▌匡正時弊法

幽默還有一個特殊的功能 —— 諷刺醜惡現象。在古往今來的現實中，人們往往運用幽默的特殊形式和技巧，揭示、暴露或諷刺鞭笞社會上的種種弊病。這就是匡正時弊法。

古往今來，封建迷信坑了不少人。有一些對聯以幽默詼諧的語言，進行諷喻、勸戒，讀後令人捧腹！下面試舉幾聊：

某座財神廟裡有這樣一對聯：「只有幾文錢，你也求，他也求，給誰是好？不作半點事，朝來拜，夕來拜，使人為難！」

聯語以財神的口吻嘲笑了那些坐等錢財的懶漢。

明代文學家徐文長也撰寫了一副對聯，對迷信者可謂當頭一棒：「經懺可超生，難道閻王怕和尚？紙錢能通神，分明菩薩是贓官。」

某城隍廟裡有一副對聯，寫得也很幽默：

「德之不修，吾以汝為死矣；過而不改，子亦來見我乎？」

人們對種種不合理的社會現象，為什麼要用幽默的匡正時弊法加以諷刺鞭笞呢？主要是因為人們對此恨之以極，深惡痛絕，直接抨擊或咒罵已難解心頭之恨，於是「悲極生樂」，透過嬉笑怒罵、譏刺打油詩等形式來宣洩。

▌妙用綽號法

　　幾乎每一個人都可能給他人取過綽號，也都有可能被人取過綽號，總之都和綽號打過交道。張三老流鼻涕，就封他個「鼻涕蟲」；李四左眼受了傷，就暫時委屈他叫個「獨眼龍」；王五斷了條手臂，就推選他為「一把手」；劉六喜傳播小道消息，就名以「擴音器」；……真是應有盡有。

　　《水滸傳》裡一百零八條好漢中，幾乎人人都有綽號，「智多星、黑旋風、及時雨、矮腳虎、金毛犬……」等等，僅僅憑藉這些綽號本身就差不多把相關的形象樹立在讀者面前了；不少人物，其真名實姓早就被人忘記了，如「湯龍、鄧飛、王英、段景住、劉唐」等，可是他們的綽號卻依然活著，人們不會忘記「金錢豹子、火眼狻猊、矮腳虎、金毛犬、赤髮鬼」。

　　給人取綽號，是很引人反感的。因為綽號幾乎都是強調對方的醜而非美。因此，我們在用綽號來達到幽默效果時，最好不要拿身邊的人，可以拿電視裡的明星說說，或天橋下的行人過過癮，這些都是無傷大雅的。

▌本末倒置法

　　什麼事都有一個「理」。「理」的存在為人們司空見慣。如果擅自改變事物的前後關係、因果關係、主次關係、大小

關係，理就會走向歪道，有時歪得越遠，諧趣越濃。

下面的例子是最好的說明。

一位乞丐常常得到一位好心青年的施捨。一天，乞丐對這個青年說：「先生，我向你請教一個問題。兩年前，你每次都給我十塊錢，去年減為五塊，現在只給我一塊，這是什麼緣故呢？」

青年回答說：「兩年前我是一個單身漢，去年我結了婚，今年又添了小孩，為了家用，我只好節省自己的開支。」

乞丐嚴肅地說：「你怎麼可以拿我的錢去養活你家的人呢？」

乞丐喧賓奪主，對青年的責怪過於離譜、荒謬，令人們在吃驚之餘，啞然失笑。

有一戶人家，一貧如洗；一小偷夜間上門偷東西，主人雖然清楚，但很坦然，隨便小偷去偷。小偷摸到了米缸，脫下身上的衣服去包；主人想這是明天的飯食，不能讓他偷走，於是順手把小偷的衣服拿了過來。

小偷找不著衣服，驚醒了主人的妻子。妻子告訴丈夫有小偷。

丈夫說：「沒有賊，睡吧！」

小偷搶白道：「沒有賊，我的衣服怎麼不見了？」

小偷反客為主，斥問主人，令人好笑。

　　這種要末倒置的運用主要產生於對事物的不了解或誤解。所以，主角往往是一些迂腐、乖愚、無知人士，他們往往以自己的行為經驗來看待生活，衡量世事。

　　有個老頭怕人踩了他的莊稼地，整天在地頭看著。一天稍沒注意，讓一個割草的人走進了地裡。老頭大聲喝住他，那人轉身要走回來。老頭急了，喊道：「站住！你要再走回來，不又踩了第二遍了？」

　　那人想向前走出莊稼地，老頭又叫起來：「站住，你往前走，豈不又踩了沒踩過的地嗎？」

　　「那……」割草人不知怎麼辦好了。

　　老頭說：「你別動，等我去把你背出來！」

　　如果把事理的內在關係搞錯了，就會產生這樣的笑話，讓人哭笑不得了。

▌異曲同工法

　　突破常規式樣，達到幽默目的，正所謂「一致而百慮，殊途而同歸。」異曲同工就是指一個人在做某件事的過程中，採用了一種有別於常規的方式或方法而達到了完全相同的目的。不僅僅生活是這樣，就是我們日常所離不了的交流工具 —— 語言也有類似的情況。

　　而一旦我們將這種語言的特點運用到幽默王國中，它就

成為一種很重要的幽默技巧。異曲同工幽默法具體表達是：它是指在表達一種思想或意思時利用語言所具有的「一致而百慮，殊途而同歸」的特點，避開常規表達方式，而使用意味完全與之不同的另外一種語言模式來達到目的的幽默技巧。因此可以這樣說，該種技巧之所以能夠使整個顯得詼諧有趣，引人人勝，不在於它的雄辯而在於它的構思新奇，不落俗套。

克諾克先生來到了一個陌生的城市，走進一家小旅館，他想在那裡過夜。

「一個房間帶供應早餐一天需要多少錢？」他問旅館老闆。

「各種不同的房間有不同的價格：二樓的房間是 15 個馬克一天；三樓的是 12 馬克；四樓 10 馬克；五樓的房間則只要 7 馬克，先生。」旅館老闆詳細介紹給他。

克諾克先生考慮了幾分鐘，然後拿起箱子要走。

「您是覺得我這裡價錢太高了嗎？先生？」老闆問道。

「不，那倒不是。」克諾克先生回答道：「我只是嫌您的旅館太低而已。」

克諾克先生之所以再三猶豫之後決定要走，很可能是因為嫌老闆的定價過高，或者是自己囊中羞澀，但無論哪種原因，他都沒有直接表露出來。當老闆對他正面提出問題後，

克諾克先生進行了很委婉的回答：「我只是嫌您的旅館太低而已。」我們都能看得出他背後潛含的意思：以自己的實際情況消受不起這麼價格昂貴的待遇，這裡也有暗暗貶譏老闆貪心過重的意思。

雖然克諾克先生的回答不像常規方式那樣坦露直率，但他說話的方式的力度並未因此而減輕，而且立場明確，大有綿裡藏針、以柔克剛之勢。結果，由於借用了老闆語言當中「價錢太高」之「高」的雙關語義，反其道而用之，更令前後兩句話相得益彰，妙趣橫生。

記得有一次逛街，在一家食品店裡看到下面這幅情景。

一個小男孩站在低低的櫃臺前面，凝視著一盒打開了的巧克力餅乾。

「喂，小孩，你想做什麼？」食品店老闆跟他打趣問道。

「哦，沒什麼。」

「沒什麼？我看你好像是想拿一塊餅乾。」老闆說。

「不，你錯了先生，我是想盡量不拿。」小男孩頑皮地回答。

老闆不禁被他的機智和可愛逗得哈哈大笑，於是送給他一盒餅乾，作為「嘉獎」。

這位聰明的小男孩也是利用了這種異曲同工的幽默技巧。本來對美味望眼欲穿，饞得直流口水，但並不直說，而

是直話曲說，「實話」巧說，表面上看去似乎是否定了老闆的話，實際上等於將自己的意圖變了個方式表達出來而已。這就是令人「防不勝防」的異曲同工幽默術。

　　在使用中大家應該注意的是：直話直說不是幽默，直話曲說才顯得幽默無比；實話實說也不能算作幽默，將實話「虛說」才能移為上乘的幽默！幽默與現實生活通常只有一步之差，關鍵就在於你如何巧妙實現二者的這一過渡。

▌心有靈犀法

　　心有靈犀一點通。所謂「心有靈犀，無須言語」式幽默術，就是在社會交往中，由於形式的需要，客觀條件的限制，或主觀願望，人們在進行訊息交流時，摒棄了語言這種普通而便捷的交際工具，而採用符號、實物或體態等形式，將訊息傳送給對方。這種訊息表達方式，由於其自身的獨特性、創造性、含蓄性和隱晦性，往往能使人感到新奇有趣，幽默活潑。

　　一青年頗好創作，經常寫一些隨感、雜談等。一次，他投寄了一篇創作的小說給雜誌社，一直也未得到回音。實在忍不住了，便給雜誌社寄去了一封信，信上不著一字，唯有一個大大的「？」。幾天後，該雜誌的主編回信一封，信中也同樣一個字沒有，只有一個大大的「！」。青年看了後，

哈哈大笑，連聲稱妙。原來，他去信中的「？」表示詢問，問自己的稿子怎麼樣，能不能發表。聰明的主編猜出了他的意思，用一個「！」表示稿子不錯，馬上就可出版。一問一答，無須語言從中做橋，只需心靈的相互溝通。讀來自有可笑之處。

這種方法有時也可用於特殊的場合、特殊的形勢。

明末，清兵入關占據北京後，即準備南下，當時，遠居江西的巡撫郭都賢並不了解這一情況。他的一位好友當時正在北京，打算寫信告訴他早做應急準備，但苦於清兵盤查嚴密，無法傳送。後來他想出一個辦法，令家人連夜動身，晝夜兼程，給郭都賢送去一個禮盒。郭都賢打開一看，只見第一格中是紅棗，第二格中是梨，第三格中是生薑，第四格裡是西瓜。思索了半天，終於悟出其中奧妙。原來這是好友寄來的無字信，告訴他形勢不妙，應「早離江西」（紅棗 —— 早，梨 —— 離，生薑 —— 江，西瓜 —— 西）。那麼，如何把訊息再回饋給好友呢？謹慎考慮後，命人給朋友捎去兩味中藥，一是蠶蛾，一是蟬蛻。「蠶蛾」的「蛾」諧字「我」，「蟬蛻」的俗名為「知了」，兩位藥加起來意為「我知道了。」後來，郭都賢在清兵入贛之前，便棄官歸鄉，隱姓埋名。明亡後，削髮為僧，以終天年。

一人自幼喪父，母子倆相依為命，艱難度日。其母含辛

茹苦將他養大成人。為謀生計，只得暫別老母，外出經商，一走就是 3 年。一日，商人突然接到家書一封，打開一看，並沒信函，只有一張藥理處方，上列 8 味中藥。生地、知母、獨活、相思子、乳香、當歸、熟地、一見喜。小商人不解，便持藥方到藥鋪請教老中醫，老中醫問明小商人的身世後，也沒有給他明確答覆，只是又開了一味中藥：「茴香」，讓他拿回去細細思索。小商人苦思良久，方才大悟，遂即連夜啟程返鄉。回家後，方知母親因思子心切而患病，家鄉的老中醫查明病因，便為小商人寄去藥方一貼：生地 —— 赴外經商多年；知母，獨活 —— 告訴你母孤苦無靠；相思子 —— 思兒心切；乳香 —— 應記哺育之思；當歸，熟地 —— 逮速返鄉；一見喜 —— 母子團聚。而那位外地中醫也同樣以藥代言：茴香 —— 回鄉。

　　故事中的兩位中醫在傳達訊息時，並沒有使用正常的方式，而是以藥代言，讀來回味無窮，幽默多趣。

　　「心有靈犀，無須言語」式的幽默術能給人一種含蓄、新奇的感覺，讓人平添不少樂趣。但由於它的隱晦性，往往容易給人造成歧義，影響了訊息的順利傳達，所以在應用時，盡量淺顯一些，明朗一些。

▌故設頓歇法

平時我們所說的頓歇即停頓，是指語句或詞語之間聲音上的間歇。頓歇有區別意義的作用。像下面一段文字：

「世上如果男人沒有了女人就倒楣了。」

這句話有兩種停頓方式：

「世上如果男人沒有了，女人就倒楣了。」

「世上如果男人沒有了女人，就倒楣了。」

停頓不同，意義正好相反。

幽默技法的頓歇，意思是停頓後反轉，即故意把一句完整的話拆開，給人一個懸念，將其注意力引向某一方向，然後透過停頓，反轉出趣味來。最常見的例子是「司令員發槍」。

某司令員對部下說：「一個人一桿槍——」戰士們歡呼雀躍，激動不已。「這是不可能的。」戰士們大為失望。「兩個人一桿槍——」戰士們鼓掌。「但這也是不可能的。」戰士們垂頭喪氣。「三個人一桿槍——」戰士們不抱什麼希望，「還是可能的。」大家驚喜，畢竟有槍了。「但是木頭槍。」

這裡，司令員運用「滾雪球」的方式，採取停頓方法造成出乎意外的語義突轉，趣味橫生。著名語言學家呂叔湘曾用過這種方法。

有次，會上發言。他說：「今天，我要講很長的話 ── 」全體與會者發出嘆息。他接著說：「大家是不歡迎的。」聽眾釋然，鼓掌。

這裡，發言者運用停頓有意設下圈套，讓人感覺到其言很長，不料停頓之後意義突轉，語義前後反差強烈，產生幽默效果。

▌重音轉移法

一位外國使者看見林肯在擦自己的皮鞋，讚揚說：「啊，總統先生，您經常自己給自己擦鞋子嗎？」

「是啊，」林肯答道：「那麼您自己經常給誰擦鞋子呢？」

林肯巧用。「自己」在不同位置重讀所表示的不同意義，重點轉移，妙語生輝。

下面再看一個發生在小學老師與學生身上的幽默。

老師：「你為什麼上課吃蘋果？」

學生：「報告老師，我沒有吃蘋果。」

老師：「你怎麼這麼小就學會了撒謊，老師在你這麼小的時候，從來都不撒謊。」

學生：「那麼，您是什麼時候才學會撒謊的呢？」

學生的回答有點「文不對題」，但他們都撞上了幽默技巧，因此表達天真而滑稽。

▌欲擒故縱法

欲擒故縱法，即先假定對方的觀點是對的，然後合乎邏輯地推出荒唐可笑的結論，簡言之為引申歸謬，設真推假。

欲擒故縱法在不便直說或不願說明的場合下都可使用，關鍵就在於處理好「縱」與「擒」的關係。它的訣竅是：明看是放，順著他人的意思說話行事；暗中卻是收，迫使對方就範。

「縱」的語言形式要設計得巧妙，要達到表面上看起來是縱，實質上卻蘊含著擒的內容。既可以先縱後擒，也可以縱中有擒，縱擒合一。

據邯鄲淳撰《笑林》所載，有一位下級官員準備去拜訪本地縣官，為了投其所好，他行前還做了調查，問了問左右隨從：「縣令最喜歡讀什麼書？」有人告訴他：「最喜歡《公羊傳》。」於是他興致十足地去了。

縣令剛一接見他，挺友好的，問：「君讀何書？」

官員想，所問正不出我所準備，便老臉大膽笑曰：「唯業《公羊傳》。」

不笑罷了，一笑答出問題來了：「唯」專也，旁書不顧，這很少見。「業」者，深研細究也。縣官推想：這老兄不像是一位研究《公羊傳》的專家，便試著提了一個問題，神情也許稍嚴肅了一點：

「是誰殺了陳佗？」

下級官員一下子緊張起來，所緊張者，並不在答不上來這一節，而是他已進入了另一境界——公堂罪犯被審的境界。思考了好一陣，他才回答說：

「不是我殺的。」

馬腳全部露在外邊了，縣官決計將玩笑開到底：「君沒殺陳佗，那是誰殺的？」

在被問者聽來，此語無異於「人證物證俱在，你還想抵賴？」三十六計，走為上計，所以，這位官員只好惶惶如喪家之犬，急急如漏網之魚地「跌足先出」。

縣官一問就試出了這個不學無術的下級，但他並不急於點明，而是繼續演繹，從而形成一種幽默。

▋方言俚語法

從前，有一個外地人在街上用方言吆喝賣豆腐：「豆腐，豆腐。」有人聽成了「鬥虎！鬥虎！」街上的人一聽，膽小者驚慌地四處逃走，膽大的圍攏來問：「哪裡鬥虎？」這時，又有外地小攤主高喊賣饅頭：「饅頭，饅頭！」人們又聽成了「南頭」，這些人就向南街跑去。來到南街，什麼也沒有。又遇到一個賣蒜者，用方言在喊：「大蒜啦，大蒜啦！」圍觀者一聽，大失所望：「啊呀，打散了，打散了，真幸運。」

　　由於方言，致使「豆腐」與「鬥虎」、「饅頭」與「南頭」、「大蒜」與「打散」相混，且環環相扣，給人誤導，構成笑話。

　　方言是使用在一個小地區的本土語言，一般只為本地區的人們習慣使用。大眾交際中，可能會引起語音隔閡，一旦誤解，要麼意義不明，要麼產生笑語。

　　上述的方言幽默是被動產生的。如果你有足夠的創意，不妨主動用方言來娛樂一下。

▋妙用修辭法

　　歇後語是一種戲謔性的修辭語體，又叫俏皮話。由於它往往遠及其他無關事物，而又強加比附，故常常奇趣橫生，荒誕怪異。如形容人做事有條不紊或唱曲子有水準從容不迫，口語叫做有板有眼。這是一個帶褒義的詞語，可有一個歇後語是：「光屁股坐板凳 —— 有板有眼。」這裡的「板」指板凳之板，而「眼」則指肛門。

　　應用歇後語形成幽默機制必須突出聯想的新款，前後兩部分要有強烈的不諧調感。如：「豬八戒戴花 —— 自覺其美。」本身就蘊藉著頑皮與不協調，其情景很詼諧可樂。

　　應用歇後語生動形象，趨「俗」避「雅」，前後毫不相關的意義巧妙地安排在一起，一經頓悟，妙不可言。如：

推土機的大鏟 —— 吃苦在前

水底下推船 —— 賣力看不到

地上擺攤 —— 沒有架子

打架揪鬍子 —— 謙虛（牽鬚）

黃花女做媒 —— 先人後己

對著鏡子親嘴 —— 自愛

肚臍眼打電話 —— 心腹之言

繡花始娘縫繡衣 —— 千真（針）萬真（針）

古廟裡的石像 —— 老實（石）人

老太婆吃黃連 —— 苦口婆心

心肝掉在肚裡頭 —— 放心

骨頭塞在喉裡 —— 不吐不快

汽車的後輪 —— 不會拐彎

土地爺的五臟 —— 實心實腸

三本經書掉了兩本 —— 一本正經

和尚頭上拍蒼蠅 —— 正大（打）光明

兩個和尚打架 —— 誰也抓不到誰的辮子

蒙面人出場 —— 不留臉面

山頂喊話山下應 —— 上下呼應

開會呼口號 —— 異口同聲

鴨子的腳板 —— 連成一片

磁石遇鐵砣 —— 不謀而合

▌邏輯推理法

　　邏輯推理法是借助片面的、偶然的因素，構成歪曲的推理。它主要是利用對方不穩定的前提或由自己假定的前提，來推是引申出某種似是而非的結論和判斷，它不是常理邏輯上的必然結果，而是走人歧途的帶有偶然性和意外性的結果。

　　人們的言論或行為，一般情形下，不可能像科學推進那樣嚴密、周全，都有其變幻性和動搖性，有幽默感的人，就是善於抓住這點推理變化莫測的花樣，去調侃對方或調侃自己。

　　因此，推理幽默法是很容易找到其幽默前提的，只要你思維自由，才思敏捷，就有應用自如的可能。

　　人們都知道，通常情況下，相同的原因，產生相同的結果；不同的原因，產生不同的結果。

　　如果同樣一個人，同樣一件事，同樣的原因、條件，卻產生不同的結果，從常理來講，這不合邏輯、做這樣的推理者是弱智的表現，然而對於幽默的構成來說卻不然，在許多情況下，越是同因異果，越可能構成幽默。

　　邏輯推理法就是根據別人話中的事理或一般的道理、規則，合乎邏輯地推理出含有新意、具有幽默感的結果或新命題。推理幽默就好像一棵蘋果樹上結出的果實，不是蘋果而

是梨，這雖然不符合大自然的規律，但對園藝家來說卻是技藝高超的表現。

邏輯推理法在你的社交生活中極有實用價值，它能讓你在情況不斷變幻的條件下，總是可以找到有利於自己的理由，哪怕互相反對的理由，也都能為己所用。

清真寺要阿凡提走上講臺，他對大家說：「我要跟你們講什麼，你們知道嗎？」

「不，阿凡提，我們不知道。」大夥說。

「跟不知道我要說什麼的人，還有什麼話說呢？」

阿凡提說完，走下講壇便離開了。

後來，阿凡提又被請到清真寺來。他站到講壇上問：「我要跟你們說什麼，你們知道嗎？」學乖了的人們馬上齊聲回答：「知道！」

「你們都知道了，我還說什麼呢？」阿凡提又走了。

當阿凡提第三次登上講臺，又把上兩次的問題重複一遍後，那些自作聰明的人一半高喊：「不知道！」另一半則喊：「知道！」

他們滿以為這下可難住阿凡提，哪知道，阿凡提笑了笑說：「那麼，讓知道的那一半，講給不知道的那一半人聽好了！」說完再次揚長而去。

阿凡提的過人之處就在於他利用「知道」與「不知道」這兩個不具體而虛幻的原因，從而推理出與大家希望完全相

反的結果，以不變應萬變，不管對方怎麼變幻情況，理由也跟著變幻，而行為卻一點不變。這就是推理幽默術使你在社交中能夠超凡脫俗，瀟灑自如的妙處。

▌不動聲色法

中國古代有一本專門研究笑的專著《半庵笑政》，其中有一篇「笑忌」，除了指出切忌「刺人隱事」、「笑中刀」、「令人難堪」以外，還特別指示，不可「先笑不已」。這個禁忌與美國幽默作家馬克‧吐溫《怎樣講故事》中所提出的原則是一樣的。

馬克‧吐溫說有這樣一個故事：

在炮火連天的戰場上，一個士兵腳受了傷，他請另一個士兵把他背下戰場，可是飛來的彈片把受傷的士兵的頭削去了，而那個背著自己朋友的士兵仍舊飛奔不已。

這一切被在場軍官看見了，軍官叫道：

「你背著個沒頭的屍體跑什麼呀？」

那士兵停下來看了看自己背上的朋友，大惑不解地說：「可是他剛才叫我背他的時候，還是有頭的呀！」

這個故事自然是很好笑的。可馬克‧吐溫說，在美國講這個故事的兩個人卻有不同的講法，一個是一面講，一面預料到聽眾會感到可笑，他自己總是忍俊不禁地笑起來。馬

克‧吐溫認為即使這個人能引動聽眾也跟他一起笑，也沒有什麼講故事的才華。而另一個講故事的則不這樣，他不動聲色，裝得像個鄉巴佬的樣子，好像他絲毫沒感到這故事有什麼可笑之處。馬克‧吐溫認為這樣的演員更能引起聽眾的笑聲，而且與前者比，後者才是個有天才的人。

毫無疑問，幽默感是與可笑連繫在一起的，越是使人可笑，越有幽默的效果。但你要明白，發出笑聲是聽眾的事，而不是你這個說出幽默語言的人的事。可以說，有一條這樣的規律：在你發揮幽默時越是沉不住氣，越在面部表現出驚奇，流露出笑容，越減少幽默的效果。

不動聲色法為什麼更能引起聽眾的笑聲呢？因為幽默的趣味既不是一種單純的情感，也不是單純的智慧。它是一種復合的東西，其中包含荒誕與機智、同情與隔閡之間的對比或反差。一面講，一面笑，減少了這種反差。本來可笑，而發揮幽默的人卻顯得很笨拙，很遲鈍的樣子，無疑就是增加其中的反差，自然也就增強了幽默的功能。這個規律有相當廣泛、相當普遍的適用性。

▌指桑罵槐法

人類的語言非常奇妙。它的功能變化萬千。同樣一個詞語，只要換一種語言環境，意思和味道就很不一樣了。不懂

得這門道的人，是很難利用語言的這種活性來開拓他的幽默途徑的。

指桑罵槐就是明罵桑而實罵槐，運用此法既可達到己方目的，又不授人以柄，避免了正面衝突。此法的技巧主要表現在應對語聽選擇上，要讓「槐」聽明白是罵「槐」，但又抓不住把柄，叫對方「啞巴吃黃連，有苦說不出。」

指著桑樹罵槐樹，不可能幽默；指著桑樹而實際上罵了槐樹，才有可能幽默。指桑罵槐法就是利用一種特殊的語言環境，把詞語的針對性轉向談話對方，從而產生幽默的效果。

魏晉時，謝石打算隱居山林，奈何父母難違，不得已在桓公手下做司馬。一次，有人送桓公草藥，其中有一味名叫遠志。桓公問謝石：「這藥又叫做小草，為什麼同是一物而有兩個名稱？」

謝石一時答不上來，郝隆當時在座，應聲說道：「這很好解釋，隱於山林的就叫遠志，出山也就叫小草了。」

謝石聽到此處，滿臉愧色。

魏晉時人們崇尚回歸自然，並不以官宦為榮，隱居山林，過閒雲野鶴似的生活是非常時髦的舉動。郝隆這裡正是指桑罵槐，表面上解釋是草藥的名稱，實質上是嘲諷謝石，而謝石即使想反攻也無從下手。

指桑罵槐的特點就在於巧妙地利用詞語的多義性或雙關

性等特點來做文章。說話者說出的話語，從字面上的意思看似乎並不是直接針對對方，但話語中卻暗含了攻擊對方的深層意，使對方雖有覺察卻又抓不住把柄，只好啞巴吃黃連，自認倒楣。

從前，有個瞎子被無辜地牽涉到一場官司中，開堂審判時，他對縣太爺說：「我是一個瞎子。」

縣官一聽，立刻厲聲責問：「混帳！看你好好的一隻清白眼，怎麼說沒有眼睛？」

瞎子接過縣官的話說：「我雖然有眼睛，老爺看小人是清白，小人看老爺卻是糊塗的。」

這裡，盲人採用的就是指桑罵槐法。他所說的「清白」和「糊塗」，實際上是利用一詞多義的現象而造成一語雙關的修辭效果，從而達到「指桑罵槐」的目的。

表面上看，他說的「清白」是指盲人的眼睛是清白眼，而實際上卻是暗指盲人自身是清白無辜的。「糊塗」一語，貌似指盲人因眼睛看不清縣官，但實際上卻是說縣官說話做事糊塗，是個糊塗昏官。所以，整句話的表面意思是：「小人看不清老爺」，而實際上卻是「我看老爺是個糊塗官。」

這兩句話從形式上看是「指桑」，即回答老爺的回話，從內容看卻是「罵槐」，即暗中譏罵昏官。盲人巧妙利用指桑罵槐法，痛快淋漓地譏罵了昏官，又使縣官抓不住什麼把柄。

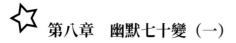 第八章　幽默七十變（一）

第九章　幽默七十變（二）

生活中幽默無處不在，或帶著黑色，或帶著眼淚，但它都是生活自身的一種色調。順應並加以利用，則化解煩惱，愉悅身心，於事業於人生得心應手，益處多多；反之則身陷其中，窘困拮据，憂心忡忡，於事業於人生處處掣肘，阻礙重重。

當今社會，競爭日趨激烈，「無邊落木蕭蕭下，不盡長江滾滾來」，這正是人們生存競爭的真實寫照。除了實力和才華，幽默同樣不可或缺。學會了幽默七十變，你一定能夠把幽默玩得出神出入。

▌順水推舟法

順水推舟法就是抓住對方的話柄，順著說下去，讓其向有利於自己的方向發展，從而產生強烈的幽默效果。

順水推舟法的特色是不作正面抗衡，而是在迂迴的交談中，借力勝敵，從而達到自己的目的和產生幽默感。有時自己站在不利的地位，也可用順水推舟法使自己擺脫困境。

有個年輕人初入社交場合，生性靦腆，不善言辭，心情特別緊張。有一次，一個新上任的主管約見他，他緊張得直冒冷汗。主管見狀說：「看你滿頭大汗，我給你開開風扇吧。」

他忽然靈機一動，順口接過「出汗」這個話題說：「我這個人就會窮緊張，見了生人除了指甲之外，全身都冒汗。」

真怪！說完這句話，他的心情很快就平靜下來了。汗也

就不冒了。以後每逢這種場合，他都要找一兩句幽默的話語說一說。現在他可以在大庭廣眾之中滔滔不絕地高談闊論，也面不改色心不跳了。

有個政界要人首次在眾議院裡發表演講時，打扮得土裡土氣，因為他剛從鄉間趕來。

一個善於挖苦諷刺的議員，在他演講時插嘴說：「這個伊利諾斯州來的人，口袋裡一定裝滿了燕麥的種子吧？」這句話引起哄堂大笑。

他並沒有因此怯場，他很坦然地回答說：「是的，我不僅口袋裡裝滿了燕麥，而且頭髮裡還藏著許多菜籽呢。我們住在西部的人，多數是土裡土氣的，不過我們雖然藏的是燕麥和菜籽，卻能夠長出很好的苗子來！」

這句話立刻使他的大名傳遍全國，大家給他一個外號：「伊利諾斯州的菜籽議員。」

這位菜籽議員採用的正是順水推舟法。他深知順勢的道理，把對方的冷嘲熱諷當作可以利用的交通工具，順路搭車，一路順風地抵達了自己的目的地。

▍隨機套用法

隨機套用幽默法就是預先熟練地掌握一些與本人工作生活有關的幽默範例，然後加以靈活的套用，最好能根據自己

所處的環境特點即興加以發揮。

隨機套用法是先有了幽默的儲備，然後再創造一個話頭，使二者天衣無縫地結合。在這裡，最重要的是提高自己套用這些範例的能力和自由轉換這範例的能力，套用的唯一要求是天衣無縫。

一天，張大千與友人共飲，座中講笑話，都是嘲弄長鬍子的。

留著長鬚的張大千默默不語，等大家講完，他清了清嗓門，態度安詳說了一個關於鬍子的故事。

「三國時候，關羽的兒子關興和張飛的兒子張苞隨劉備率師討伐吳國。他們兩個為父報仇心切，都想爭當先鋒，這卻使劉備左右為難。沒辦法，他只好出題說：『你們比一比，都說出自己父親生前的功績，誰父功大誰就當先鋒。』

張苞一聽，不假思索順口說道：『我父親當年三戰呂布，喝斷壩橋，夜戰馬超，鞭打督郵，義釋嚴顏。』

輪到關興，他心裡一急，加上口吃，半天才說了一句，『我父五綹長鬚……』就再說不下去。

這時，關公顯聖，立在雲端上，聽了兒子這句話，氣得鳳眼圓睜，大聲罵道：『這不孝之子，老子生前過五關斬六將之事你不講，卻在老子的鬍子上做文章。』」

在座的無不大笑。

張大千巧妙套用了關於鬍子的幽默故事，不僅使自己擺

脫了眾矢之的的困境，而且也反擊了友人的嘲弄。這就是運用隨機套用法的妙處。

掌握一些現成的幽默的語言、軼事、故事之後，不但要做到不為所制，而且更重要的是靈活地自由地套用它，來說明自己的觀點，解決自己面臨的困境。這時，要有一種隨意發揮的氣魄，切忌拘謹。而在發揮時，就不僅是套用了，而是創造幽默了。

惠子做了梁惠王的宰相，莊子想去看看他。

有人得到消息後，趕緊跑到惠子那裡咬耳朵：「莊子表面上來看你，實際上是想奪你的位了。」

莊子到了惠子府上，看出惠子有所猜疑，便不動聲色，向惠子說了一則故事：「南方有一種鳥叫鵷雛，這鳥從南海飛到北海，一路上非梧桐不棲，非竹實不吃，非甘泉不飲。有一天它飛過一隻鴟鳥的頭上，那隻鴟鳥正在吃腐爛的老鼠。鴟唯恐鵷雛搶去它的老鼠，便抑頭『嚇』地大叫一聲。」

莊子說到這，笑嘻嘻地問惠子：「那麼現在你也想『嚇』我一聲嗎？」

莊子不僅善於靈活套用，而且善於大加發揮，其幽默效果也是顯而易見的。

可見，只有到了可以大加發揮，而且發揮到很幽默的程度，才能說你的幽默感已經有了提高，你所掌握的幽默知識已成為你生活的一部分，而幽默也已經開始滲到你的心中。

▌出人意料法

什麼是出人意料？即事物發展的結果有多種可能，可以讓我們產生多種想像與預測，而實際的結果，與這些想像與推測的結果又是完全分歧的、不一樣的，想像的結果與實際的結果之間產生強烈的反差，從而產生幽默的效果。

出人意料法，是我們用得最多的一種技法。在幽默、笑話、影視、相聲中，可以說沒有出人意料法，效果就會減去一半。因為它的幽默效果是十分明顯的，也最能激起人的心裡反差。

先看下面一個幽默：

一位有五個孩子的父親，手裡拿著一個剛買的玩具回到家裡，他把五個孩子全叫到來，問他們這個新買的玩具應該給誰。他說：

「是誰最聽媽媽的話，從不頂嘴，而且總是把媽媽交代的每一件事做得很好呢？」

五個孩子沉默了一會兒，異口同聲說：「爸爸，這個玩具應該給您玩。」

這個幽默使用的就是出人意料法。

因為按照我們的想像，這個玩具不是給老大，便是給老二、老三或老四、老五，而實際的結果呢？卻是給了老爸，因為「最聽媽媽的話，從不頂嘴」，想像與實際的反差，令

人意料不到卻又在情理之中，幽默之感油然而生。

可以看出，出人意料法包含著構成幽默的一般的法則，但同時也有自己的內涵與特點，需要悉心體會。

出人意料法分為兩部分。一是想像部分，即要盡可能地激起人們對事物的結果和種種想像。想像得越多，就越成功。

一位年過半百的貴婦問蕭伯納：「您看我有多大年紀？」

「看您晶瑩的牙齒，像十八歲；看您蓬鬆的捲髮，有十九歲；看您扭捏的腰肢，頂多十四歲。」蕭伯納一本正經地說。

貴婦高興地笑了起來：「您能否準確說出我的年齡來？」

「請把我剛才說的數字加起來。」

這則傳說帶有誇張色彩，蕭伯納機敏過人，能言善辯，也是歐洲文壇出了名的幽默高手。他這裡使用的也是出人意料法，先是調動貴婦人的種種想像，以為蕭伯納不能準確地說出她十八歲、十九歲或是十四歲，而實際的結果則大出貴婦意料之外，是這「三個數字加起來」。蕭伯納這樣的諷刺方法，會使人覺得挖苦得過分了些。

出人意料法的第二部分是結果部分。結果一定要和想像不同，這樣才能造成反差產生幽默。因此，實際的結果一定要不符合常規。因為人們的想像是常規想像，是符合事物發展一般規律的想像，結果不合常規，性質一下變了，縱然你常規想像再多，也難以與結果相同了。

　　出人意料法在我們的言語交際中使用得也相當多。值得注意的是，它在實際的語言交往中，實際的結果可以不合常規，但一定要符合情理，即意料之外、情理之中。情理是我們語言交往要達到的目的，舍此目的，幽默也是白搭。

▌模擬戲仿法

　　模擬戲仿法就是把大家熟悉的原本的語言和情境，移置新義與原義形成對照，從而產生不協調之趣，造成幽默感。

　　運用模擬戲仿法要掌握好這三個字：名、熱、新。名，就是你所模擬的應是知名度高的名篇、名言、名句，或大家熟悉的成語、臺詞、俗話等。舊瓶裝新酒，親切自然。

　　熱，就是你要表達的內容要與時俱進，最好是人們關心思考或者有爭議的熱門話題，這樣就能很快引起人們聯想，產生共鳴。

　　新，就是觀點新，這是模擬戲仿法的靈魂。也就是說，舊瓶裝了新酒還不夠，還必須裝上新的氣息，以造成幽默的醉人氣氛。

　　模擬戲仿法的手法有順擬法、反擬法等。模擬的要訣在於出人意料地把毫不相干的事扯在一起，內容越是風馬牛不相及越好，距離越大越能引起驚訝；在形式上，則越是接近，越有幽默的效應。

順擬法是順著舊格式擬出新的內容。由於這種手法多用於觸景生情而即興創作，所以常能迸出新的寓意和偶發詞。

唐人劉禹錫的《陋室銘》問世以來，不知多少人模擬其文體抨擊時弊。前些年有這麼一首：

才不在高，應付就行；學不在深，奉承則靈；斯是科室，悟吾聰明。庸俗豈有趣，流言作新聞。談笑無邊際，往來有後門。可以打毛線、夢周公。無書聲之亂耳，無國事之勞神；調資不落後，級別一樣升。古人云：「樂在其中」。

諸如此類套用舊格式填上新內容的模擬法，很像填詞，只要你是有感而發，就不會「為填新詞而發愁」了。

反擬法就是把我們在日常生活的習慣用語，偶爾反用其意，造成新奇的幽默感。比較而言，反擬比順擬更能留下深刻的印象，這是反差造成的效果。

反擬法看起來簡單，只是要將現成話反過來說，但是，必須說到點子上，才有幽默感。只要你懂得點到為止的道理，強摘的瓜也甜。

別擬法就是要擬出幽默的別解來，這也是我們經常有意識無意識地運用的。比如，我們會把那些為兒子去安排錦繡前程的父親叫做「孝子」，這已不是封建禮教所指的「孝子賢孫」了，而是孝順自己兒子的「孝子」了。

別擬法要擬得自然貼切，切忌生搬硬套，應當追求一種

天然的妙趣，人為的痕跡越少越好。

我們為什麼要透過模擬的方法，使幽默在舊的模式中求新呢？一方面是順應人們喜新厭舊的心理，另一方面也不忽視人們喜新戀舊的心理，將這兩種心理移植在一起，便產生了模擬幽默法。

我們說好作品百談不厭，這是誇張。不管什麼人，只要砂禪一多，就會缺少幽默感，這時，一個最經濟的辦法，就是運用模擬來推陳出新。

▌巧辯脫困法

在社交中遇困不亂，積極發揮自己的智慧，去找一切可以突破的因素，就能產生意想不到的幽默感，這種幽默手法就叫做巧辯脫困法。

當你處於一種相當狼狽的境地，你可能驚慌失措，也可能十分憤怒或沮喪。但這一切都無助於你從狼狽的環境中解脫出來。

這時，客觀情境的嚴酷十分需要你把自己思維的潛在能量充分調動起來，做出超常的發揮。而要做到這一點恰恰需要冷靜，需要樂觀，使自己的精神處於一種自由的、活躍的狀態，即那種急中生智的狀態，達到這種狀態所說的話，往往是機智而又幽默的趣言妙語。

紀曉嵐是清朝乾隆時的河間才子，博學多智，能言善辯。

有一次，紀曉嵐在皇宮翰林院率眾編輯《四庫全書》。當時，正值盛夏，體胖的紀曉嵐難忍酷熱，便脫衣光背，伏案閱稿。忽然，他發現乾隆皇帝向院裡走來，急忙一彎腰鑽入案下躲藏。

過了好久，他以為乾隆皇帝走了，便撩起桌布露出腦袋問道：「老頭子走了嗎？」這句話惹怒了一直坐在案旁的乾隆皇帝，怒斥他道：「好大的膽子！什麼老頭子，別的罪可恕，你憑什麼叫我老頭子？如果講不出道理立即賜死。」

誰知，此時紀曉嵐卻不慌不忙，從容答道：「萬歲為『老』，人上為『頭』，『子』乃聖賢之尊稱。」乾隆聽了一笑，赦免了他。

紀曉嵐面臨嚴峻的形勢並沒有驚慌失措，更沒有失去思考能力，相反，他調動了全部的智慧對「老頭子」三個字作了巧妙的解釋，以其機智性的幽默而免於殺身之禍。

一般說來，在不利的情境中，越是帶著自我保護的色彩，後果就越不嚴重，幽默的成分就越多。這種特點日常交往中更能看得出來，人們有更多的自由天地以充分的幽默感來進行自我保護。

▌借力打力法

借力打力法就是按照對方的邏輯去理解或推論，由此及彼，物歸原主，使其搬起石頭砸自己的腳，自食其果。

運用借力打力法，要善於抓住對方一句話、一個比喻、一個結論，然後把它接過來去針對對方，把他給自己的荒謬的語言或行為，不願接受的結論，再演繹的邏輯還給他，即以其人之道還治其人之身。

餐館裡一位顧客叫住老闆：「老闆，這盤牛肉簡直不能吃！」

老闆：「這關我什麼事？你應該到公牛那裡去抱怨。」

顧客：「是啊，所以我才叫住了你。」

顧客按照老闆的荒謬邏輯，推論出老闆即是「公牛」，讓對方哭笑不得，自食其果。

這位顧客所用的幽默方法就是借力打力法。

借力打力法一般是對方攻擊有多少份量，就以同等的份量還擊。軟對軟，硬對硬，不隨意加碼。加碼過重會影響幽默情趣。

一個城市人和一個鄉下人一起坐火車。

城市人說：「我們打賭吧！請問一樣東西，對方不知道，就付一塊錢。」

鄉下人說：「你們城市人比我們鄉下人聰明，這樣賭我要

吃虧的。要是我問，你不知道，你輸給我一塊錢；你問，我不知道，輸給你五毛錢。你看怎麼樣？」

城市人自恃多見識廣，吃不了虧，答應了。

鄉下人問道：「什麼東西三條腿在天上飛？」

城市人答不上來，輸了一塊錢。之後，他向鄉下人也提出了這個問題。

「我也不知道。」鄉下人老實承認，「這五毛錢給你。」

同樣一個問題，同樣都答不上來，結果卻不一樣。城市人是聰明反被聰明誤，被鄉下人的「也不知道」砸了自己的腳，照樣輸了五毛錢，推辭不得，叫苦不迭，又無可奈何。

一般說來，幽默貴在收斂攻擊的鋒芒，但在特殊情況下，就不然了。特別是在極其卑劣的事和人面前，或者外來的橫逆忍無可忍之時，如果你還過分輕鬆地調笑，不但顯得軟弱無能，更缺乏正義感，而且會導致對方更囂張地進攻。此時，再不以牙還牙，以眼還眼，就會喪失人格，因此，還擊鋒芒不但不可鈍化，而且應該銳化。越是銳化，越是淋漓盡致，越有現場效果 —— 而現場效果最強的方法，就是借力打力法。

借力打力法不難，但反擊得非常巧妙卻是很難的。接過對方的侮辱性的話語故弄玄虛，突然一轉，擊中對方。這樣的幽默由於突然的對轉就帶上了戲劇性。

在日本，電車總是很擁擠的，一位瘦乘客和一位胖乘客吵起來。瘦子悻悻說：「搭車，應該按重量買票才行。」

胖子聽了，說：「謝天謝地，假如你的話應驗了，那你永遠沒有福氣乘電車了。」

「為什麼呢？」

「你想一下，像你這樣一個瘦傢伙，能收到你多少錢，會讓你乘車嗎？」

胖子按瘦子的道理反而推論出，瘦子因重量問題同樣不應乘車。胖子反應很快，人們在欣賞他受譏笑還有超脫精神時，對他的鋒芒畢露，當然也就不加計較了。

▊寓莊於諧法

寓莊於諧法就是把十分莊重嚴肅的事情，採用開玩笑的方式把話說出來，以產生幽默效果。「漢武帝看壽」這則幽默就是這樣的例子。

西漢時，東方朔滑稽多智、能言善辯。一天，漢武帝議論壽相時對大臣們說：「依我看，《相書》有一句話很有道理：『人是否長壽，只要看看鼻子和嘴之間的人中長短。人的人中如果長一寸，就可以活到一百歲。』」

眾位大臣都應聲說：「對！陛下高見。」東方朔卻仰天大笑。

　　有個大臣指責他膽大妄為，竟敢取笑皇上。東方朔辯解說：「我哪裡是笑陛下，我是笑彭祖的面長！」

　　漢武帝便問：「彭祖面長有什麼好笑？」

　　東方朔說：「傳說彭祖活到八百歲，如果《相書》真的很準，那麼按人中長一寸壽百歲推算，彭祖的人中就應有八寸長，而他的臉豈不是要有一丈多長了。」

　　漢武帝聽罷，想了一會兒，也不禁大笑起來。

　　東方朔的推算，使發怒的漢武帝由怒而笑，的確達到了寓莊於諧的幽默效果。

　　寓莊於諧法的特點即以輕鬆愉快的形式，詼諧風趣的語言，表達莊重嚴肅的道理，使人在喜悅和諧的氣氛中，接受道理，服務對方，從中外現出你強烈的幽默感。

　　創造和諧愉悅之氛圍，是寓莊於諧法的要素之一。在感情對方的條件下，說理的效果往往因對方的情感而銳減，對立的心理障礙使對方接受意見的能力劇減，而詼諧幽默創造了喜悅和諧的氣氛，這時提防和牴觸的心理大大減弱，嚴肅的話題才易於讓對方接受。

　　寓莊於諧，諧是手段，目的是為了教育對方，倘若沒有明確積極的目的，則無法收到應有效果。

▌假戲真做法

假戲真做法是把自己真正的感情隱藏起來，把虛情假意表達得十分真切，從而產生幽默的方法。

相傳諸葛亮少年時和徐庶、龐統等同拜司馬徽為師。三年師滿，先生說：「從現在到午時三刻，誰能得到我的允許，走出水鏡莊，誰就算出師了。」

弟子們急得抓耳撓腮，有的呼叫：「莊外失火！」有的謊報：「家中來人，母親危，要速回。」龐統的智商稍高，說：「如果讓我站在莊外，我一定能想出辦法，請先生允許我到莊外走走。」但先生豈會上他的當！

午時三刻就要到了，眼看大夥出師無望。諸葛亮急了，他滿臉怒氣，摔摔打打地直奔堂上，指著先生的鼻子怒叫道：「你這先生太刁鑽，盡出歪題坑我們，我不當你的弟子了！還我三年學費！快還我三年學費！」

一席話把先生氣得渾身顫抖，喝道：「快把這小畜牲趕走！」諸葛亮卻拗著不走，徐庶、龐統好歹才把他拉了出去。可一出莊，諸葛亮就大笑起來，撿起一根柴棒，跑回莊，跪在先生面前說：「方才為了考試，不得已衝撞恩師，弟子願受罰！」言罷送上柴棒。先生這才轉怒為喜，拉起他說：「你可以出師了。」

為了完成考題，諸葛亮活靈活現地表演了對先生的憤恨

情緒，激怒司馬徽，將他逐出莊。這場假戲真做真是絕妙，顯示了諸葛亮超人的智慧。

明初年間，某地有一知府姓曹，自稱是三國曹操的後代。一日曹知府在看戲，正逢演《捉放曹》。扮演者姓趙名生，演技高超，把曹操的奸詐、陰險表演得淋漓盡致。曹知府見到自己的祖先被侮辱，不禁大怒，當即派公差捉趙生進府，要治他的罪。

公差去捉趙生時，趙生不知其故，公差以實情相告。趙生聽後，微微一笑，胸有成竹地進了縣府。

曹知府見趙生昂然而來，拍案喝道：「大膽刁民，見本府為何不跪！」

趙生瞪眼反問：「大膽府官，既知曹丞相蒞臨，怎麼不快蒞臨迎接！」

曹知府氣得臉色發青：「你，你，誰認你是丞相？你是唱戲假扮的。」

趙生冷笑一聲：「哼！大人既然知道我是假扮者，為什麼還要派人將我抓來治罪呢？」

曹知府張口結舌，無話以答。只好將趙生放了。

假戲要真做。戲是假的，但反擊是真的。因此，不但要演得像，誘使對方上當，而且要演得真，來真格的，更要演得好，才有好的效果。假戲真做，演的是假戲，但如果演得不真、不像、不好，那麼就失去幽默的效果了。

█大智若愚法

　　大智若愚法是以愚的形式來表達智的內容，屬於先抑後揚。先抑，可以使人形成一種思維定勢，即產生一種「你不行」的錯覺；後揚，則迅速打破了這種思維定勢，出人意外，令人驚奇。前後對比強烈，效果迥異，從而產生幽默的情趣。

　　幽默家不可把自己的智慧放在臉上，而應當把智慧藏起來，因為理智與情趣是互相矛盾的，智慧愈是直接表述出來，愈是缺少幽默之趣。因此，為了取得幽默的效果，往往需要假作痴呆，故放蠢言，這就是大智若愚的幽默法門。

　　表面上「裝瘋賣傻」，而心中卻是「明鏡高懸」。常言說：「聰明一世，糊塗一時」，我們生活中常是陷入無法自知的情況。宋代大文學家蘇軾在《題西林壁》中說：「不識廬山真面目，只緣身在此山中。」，也和我們常說的「當局者迷，旁觀者清」是同一個道理。而在運用幽默的方式中我們卻可以逆而行之。有時需要大智若愚，假裝糊塗，將自己的真知灼見透過「痴言傻語」表現出來，抓住這「糊塗一時」，會收到極佳的幽默效果。

　　一工人上班時間快要到了，他騎車從家出來後直接上了路的左邊，速度飛快，恰巧那時人流很多，和迎面而來的一個青年重重地撞在了一起，青年被撞痛了，怒氣沖天，大聲

罵道：「他媽的，你長眼睛沒有？騎車為什麼不走右邊？」面對發怒的青年，如果這名工人也是針鋒相對，互不相讓，那肯定是拳腳相加，打得鼻青臉腫了，但是工人答道：「如果大家都走右邊，那左邊不是沒有人了？」

這句話，引得眾人大笑，自然青年的怒氣也煙消雲散，大家化干戈為玉帛，一場可能的「武鬥」隨一句幽默也就被化解了。

在現實交際中，適當地運用「大智若愚」的幽默技巧，能增添談話的趣味，活躍談話的氣氛，並能充分表現你的才智和幽默，使人對你產生好感，從而使你的人際易於成功。但要注意的是，運用這一技巧時，必須適可而止，水到渠成，切忌矯揉造作，否則，就會給人一種自作聰明，譁眾取寵的賣弄之感，容易引起別人的反感，弄巧成拙，前功盡棄。

大智若愚法也可帶一定的善意的攻擊性，這種攻擊性由於富有人情味，很容易引起對方的同情心，所以，會產生意想不到的交際效果。

早年的計劃經濟時期，物資普通供應緊張，在農村買釘子都難。

有位老兄蓋房，急需買幾斤釘子。他來到鎮上供銷社對營業員說：「我買十斤釘子。」

營業員說：「沒有了。」

老兄又說：「沒有十斤，我就買五斤吧。」

「也沒有。」

「那兩斤。」

「還是沒有。」

老兄仍然苦苦哀求道：「你無論如何得賣給我一枚。」

營業員詫異地問道：「你這個人才怪呢？買一枚做什麼用？」

老兄說：「用它把你們的後門釘住。」

那位營業員為老兄的幽默所感，一笑之後，出於愧心，反而真的賣給老兄五斤釘子。

買一枚釘子是蠢事，去釘住他們的後門也是不能辦到的，但充分表現了此人的機智和幽默，而幽默的效果常常是意想不到的。

大智若愚幽默法要注意這幾個方面：

首先，要明確知道自己所講的內容，然後透過「痴言傻語」、「裝瘋賣傻」的話語講出來。其實是表面胡言亂語，而實際高度機智，大智若愚，把自己的聰明才華隱藏在木訥呆痴的表象之中。

第二，要假戲真作，一本正經，雖然你所講的如同瘋話，但是卻要以嚴肅認真的態度說出來，千萬不要表現如同

白痴一樣，那就被人認為是真痴真傻了，而達不到強烈的效果，幽默感也受影響。

第三，要心照不宣。假裝糊塗的語言後面，是真實的情況，這種情況需要對方要能理解，否則，同樣達不到幽默效果。

假裝糊塗式的幽默一般主要透過本人直接表述，以我為主動，開門見山，善意調侃，能幫你調節氣氛或擺脫困境。

指鹿為馬法

指鹿為馬法就是用雙方心照不宣的名不符實，把白的說成黑的，從而產生反差，傳達另外一層真正要表示的意思，達到幽默交流的目的。

人們之所以能心照不宣，原因是語言表層含義的不同，從字面上看，你是指鹿為馬，指白說黑，從深層意思上說你傳達了另外一層意思，這層意思雖不明言，但已瞭然於心，而其瞭然的程度比明白講出來更深，更能表現出幽默感。

殺豬的和賣茶的打賭。

殺豬的說：「用鐵錘錘蛋錘不破。」

賣茶的說：「錘得破！」

殺豬的說：「錘不破！」

賣茶的不服氣，拿來一個雞蛋，用錘使勁打下去，雞蛋

碎了。說：「這不是破了嗎？」

殺豬的說：「蛋是破了，可我說的是錘不破啊！」

這裡殺豬的用的就是指鹿為馬法。因為賣茶的明明說錘得破的是雞蛋，殺豬的偏偏抬槓說錘不破，指的是鐵錘不會破。

再看一個廣泛流傳的現代幽默：

某廠，有兩個工人在評價他們的廠長。

「廠長看戲怎麼總是坐在前排？」

「那叫帶領群眾。」

「可看電影他怎麼又坐中間了？」

「那叫深入群眾。」

「來了客人，餐桌上為何總有我們廠長？」

「那是代表群眾。」

「可他天天坐在辦公室裡，車廠裡從不見他的身影，又怎麼講！」

「傻瓜，這都不懂，那是相信群眾嘛！」

誰都明白這兩位工人在心照不宣地指鹿為馬，指白說黑地諷刺他們廠長的工作作風。雖然顯得名不符實，卻有很強的幽默感。

這是為什麼呢？

因為幽默並不是一種客觀的科學認識，而是一種情感的

交流。情感是主觀的，不是客觀的，情感與科學的理性是矛盾的。科學的生命在於實事求是，而情感則不然，實事求是必然消滅情感。

幽默的生命常常在名不符實的判斷中產生。

指鹿為馬是不科學的，但是如果不是有意欺騙，雙方心照不宣地名不符實，則能產生幽默。

▌故弄玄虛法

故弄玄虛法就是利用對方預期轉化的心理，巧設懸念，解釋懸念，出奇制勝，但其解釋在真理與歪理之間。

由於幽默通常有這樣一個規律，它總有個落差，總是讓你領悟到你原來期待不同的東西。笑是在期待失落以後產生的。久而久之，一旦進入幽默的情境，人民是期待十分出乎意料的謎底，這就形成了一種心理習慣，用心理學的術語來說，叫「心理定勢」。

這是幽默的正格，但是幽默不拘一格，像任何其他事物，有正格意味必有破格，有預期的失落，必有預期失落的失落，故弄玄虛法就屬於這種破格。

法國寓言家拉封丹（Jean de La Fontaine）習慣於每天早上吃一個馬鈴薯。有一天，他把馬鈴薯放在餐廳的壁爐上熱一熱，可轉眼之間卻不翼而飛了。他不知道是誰拿走了。

於是，他大聲叫喊起來：「啊，我的上帝，請告訴我，是誰吃了我放在壁爐上的那個馬鈴薯？」

他的傭人匆匆走來說：「不是我。」

「那就太好了！」

「先生為什麼這樣說？」他的傭人問。

「因為我在馬鈴薯上放了砒霜，想用它毒老鼠。」

「啊，救命！我中毒了！」那個傭人焦急地喊道。

拉封丹笑了：「放心吧，我不過想讓你說真話罷了。」

這裡，拉封丹用的正是故弄玄虛法，從心理預期來說是雙重的失落。第一次是僕人說自己沒有吃，而拉封丹說太好了，僕人有輕鬆的預期，結果卻轉化為非常嚴重的後果。接著又來了一個對轉，預期的危險完全消失。這是雙料的故弄玄虛幽默。

故弄玄虛法的其中奧祕就是利用對方預期轉化的心理。這種方法變化萬千，有時不是給人一種雙重轉化，而是相反，故意給他一個沒有轉化的謎底，讓他期待對轉的心理落空，恢復到常態。

從前有個縣官，外號叫「刮地皮」。他聽說有個畫家畫得一手好畫，便拿了一張白紙讓畫家給他畫畫。

畫家本來不願意給他畫，後來被他催急了，他在那張白紙的一角題了「草地牧牛圖」五個字，把紙一卷，送給了縣官。

縣官很高興，立即把紙打開。可是左看右看，除了「草地牧牛圖」五個字外，什麼都沒有。

縣官問：「草地到底在那裡？」

畫家說：「牛早就把草吃光了！」

縣官問：「可是牛呢？」

畫家說：「牛走啦！草都吃光了，牛還留在這裡做什麼呀？」

這個幽默故事的涵義也許比通常的幽默故事更豐富些。畫家利用一張平淡無奇的白紙，故弄玄虛，使縣官強烈的心理預期落空，同時還造成了諷刺縣官「吃光」的貪婪本性。

值得注意的是幽默的功力不僅在於構成懸念，而且在於解釋懸念，要有一定的邏輯性，才能服人。

所以，在解釋懸念時，往往要講一點歪道理。歪道理從邏輯上來說，本來就是沒道理，明明沒道理，卻要講出道理來，就指歪得巧妙，不給人武斷之感。這時的關鍵就在於抓住任何一點在概念上沾上邊的環節來作為推理的支點，大加發揮。

▍創意聯想法

富有幽默感的人，善於把兩件表面上似乎毫無關聯的事物牽扯在一起，從不協調中產生新的協調，從而產生幽默，我們不妨把它叫做「創意聯想法」。可以說，創意聯想法是

幽默思維的基本要素，也是創造性思維的重要因素。

有一位著名的丑角演員杜羅夫。在一次的演出幕間休息時，一個很傲慢的觀眾走到他的身邊，譏諷地問道：「丑角先生，觀眾對你非常歡迎吧？」

「還好。」

「要想在馬戲班中受到歡迎，丑角是不是就必須具有一張愚蠢而又醜怪的臉蛋呢？」

「確實如此。」杜羅夫回答說：「如果我能生一張像先生您那樣的臉蛋的話，我準能拿到雙薪。」

這位傲慢觀眾的臉蛋，和杜羅夫能否拿到雙薪，本無絲毫內在的連繫，在這裡杜羅夫卻巧妙地把它們牽扯在一起，從而產生了幽默，對這位傲慢的觀眾進行了諷刺。

著名鋼琴家烏爾蒙，年輕時有一天，他彈奏拉威爾（Joseph Maurice Ravel）的名曲《為已逝公主的孔雀舞曲》，節奏太慢，正在聽他彈奏的拉威爾忍不住地對他說：「孩子，你要注意，死去的是公主，而不是孔雀。」

在這裡，拉威爾採用的也是創意聯想法。他將公主與孔雀這兩個原來互不相關的事物，出人意料地連繫起來，使人們產生驚奇，並在笑聲中會意到拉威爾話語的真正涵義。

拉威爾對烏爾蒙的演奏「節奏太慢」，並不是採取直接批評的方式，而是採用巧妙的暗示：「死的是公主，而不是

孔雀。」這樣，使演奏者首先得回味一下，拉威爾的話到底是什麼意思？弄清楚了，便意識到自己處理作品中的失誤。應該加快速度，快到什麼程度呢？拉威爾的話給了提示，是孔雀舞曲。演奏者的旁敲側擊，使烏爾蒙明白了自己的毛病所在。

要想學習創意聯想法的幽默技巧，也是可以辦到的，你只要在腦子裡排除一般的常規的聯想和專業性的聯想，那麼剩下的聯想一般都可稱之為「創意聯想」。你也不妨試一試。

▌反向求因法

反向求因法就是要求在推理過程中善於鑽空子，特別是往反面去鑽空子，把極其微小的巧合的可能性當作立論的出發點。

在生活中有某種常態，在思維中有某種常理，人們的聯想都為這種習慣了的常態和常理反覆訓練達到自動化的程度，以致一個結果出來，便會自動地聯想到通常的原因。

反向求因法的特點，就是把一個極其微小的可能當成現實，雖並不能最後取消對方提出的另一種更大的可能性。比這種類型的方法更具有喜劇性的是另一種完全否定了原來因果關係的幽默方法。

一位叫約翰的病人問醫生：「我能活到九十歲嗎？」

醫生檢查了一下約翰的身體後，問道：「你今年多大啦？」

病人說：「四十歲。」

「你有什麼嗜好嗎？比如說，喜歡飲酒、吸菸、賭錢、女人，或者其他的嗜好？」

「我最恨吸菸、喝酒，更討厭女人。」

「天哪，那你還要九十歲做什麼？」

本來病人的期待是：藉拒絕菸、酒、女人得到肯定的評價，其結果則不但相反，而且把這一切當成了生命意義。否定了這一切，就否定了活到九十歲的價值，那就是這一切的價值高出於長命的價值之上。

張三很窮，但他從來不肯奉承富人。

某富翁對他說：「我家財萬貫，你為什麼不奉承我？」

張三答道：「家財是你的，你又不分點給我，為什麼要我奉承你呢？」

富翁說：「好吧，我把家財分兩成給你，你該奉承我了吧？」

張三笑著說：「兩成？這樣分法太不公平了，我不會奉承你。」

富翁想了片刻說：「那分一半給你，總該奉承我了吧？」

「到那時，你我已經平起平坐。」張三說：「我為什麼還要奉承你？」

富翁把心一橫說：「我把家財全送給了你，怎樣？」

「哈哈哈！」張三放聲大笑道：「到那時，你窮我富，該你來奉承我了。」

喜劇性產生於矛盾的層層轉化，富翁越是期待奉承，就分給張三越多的財產；越是多分出財產，就越是減少了被奉承的可能性，直至完全喪失可能。

這種方法的好處並非重新另找一個相反的因果，而是由本身演繹出相反的因果線索來。原來是有財而要求奉承，而要求奉承的變成了無財，而無財卻只能去奉承別人。

這種幽默方法可貴之處，不僅在於結論，而且在於推演的過程，環環緊扣，層層深入。

▌故賣關子法

「賣關子」是說書人常用的一個法寶，指說書人說長篇故事時，說到重要關節戛然而止，藉以吸引聽從繼續聽下去。

故賣關子法則是說話者先故意提出一個容易使人產生誤解的結論，然後再作出一個出人意料的分析和解釋，藉以造成強烈的幽默效果。

請看一則《第二個福爾摩斯》的幽默：

　　《福爾摩斯探案集》一書的作者柯南·道爾（Deputy lieu-tenant）在羅馬時，叫了一輛出租馬車。還沒等到他開口，趕車人說話了：「柯南·道爾先生，您上哪兒去？」

　　柯南·道爾覺得奇怪極了，反問趕車人道：「你怎麼知道我是柯南·道爾呢？」

　　「呵，這簡單得很，你是在加列 —— 羅馬車站上車的；你的穿著是英國式的；你的口袋裡露出一本偵探小說來。」

　　「太了不起啦！」柯南·道爾叫起來，他很驚奇在義大利會碰到第二個福爾摩斯。於是，他習慣地順便再問一句：「你還看到其他什麼痕跡沒有？」

　　「沒有，沒有別的，除了在你的皮箱上我還看到你的名字外。」

　　趕車的人認出柯南·道爾先生，實際上最主要的原因，是在皮箱上看到他的名字，而他開始並不言明，故意使人造成他是第二個福爾摩斯的誤解，然後再作出人意料的解釋，以造成強烈的幽默感。

　　故賣關子法要處理好「吊」和「抖」的關係。

　　所謂「吊」就是把對方的胃口吊了又吊，一直吊到對方如饑似渴的程度。然後再猛地一「抖」，把包袱抖開，讓對方突然醒悟：原來如此！

▌顛倒黑白法

顛倒黑白法就是用相反的詞語表達本意，使反語和本意之間形成交叉。

顛倒黑白法的技巧在於反語以語義的相互對立為前提，依靠具體語言環境的正反兩種語義的聯想，把相對立的雙重意義以輔助性手段，如語言符號和語調等襯出，使對方由字面的含義悟出其反面的本意，從而發出會心的微笑。

顛倒黑白法是造成含蓄和耐人尋味的幽默意境的重要語言手段之一。簡而言之，就是故意顛倒黑白，或正語反說，或反話正說。

齊景公的馬伕殺了馬，景公大怒，舉戈欲殺他，晏子擋住說：「這樣他死了也不知罪，先讓我把他的罪在何處告訴他，讓他死得心服口服。」景公答應了。

晏子數落馬伕道：「你為陛下養馬而殺馬，死罪一！你使陛下因馬而殺人，死罪二！你使陛下因馬殺人的名聲傳遍天下，死罪三！」

景公頓悟：「快放了他，不能因他而壞了我的仁德之政！」

這裡晏子的話就是顛倒黑白法，結果當然是完全相反，表面上是說馬伕殺馬之罪，實際上是為馬伕開脫罪責，使齊景公笑而有愧從善如流。這就是顛倒黑白法的特點之一。

顛倒黑白法一般有一定的攻擊性。如果有針對性，要注意分寸，主要是對方與你的關係是否經得住刺激。此外還得考慮場合和其他條件。有時同樣一句話在一種場合下可以講，在另一種場合下就不能講，對同樣一個人在他心平氣和時能講的，他心境很差時就不能講。

準確掌握對方的心境和環境的性質，同時掌握自己說話的分寸，是有幽默感的人的重要修養，如果在這一點上都粗心大意，那不但幽默不起來，而且可能冒犯了對方的自尊心，弄僵關係。

可見，顛倒黑白法在幽默對象面前，一定要考慮其複雜性。

▌一語雙關法

一語雙關法是指在一定的語境中，利用語句的同義、諧音關係或能容納不同內涵的概念，有意識地具有雙重意義，簡而言之為「話中有話」。表現得含蓄委婉，生動活潑，風趣詼諧，能給人以意外之感，又使人回味無窮。

人們在生產實踐和科學研究中，為了保證思路的一貫，所使用的概念必須統一，不能朦朧模糊，不能任意轉移或偷換；否則，人與人之間的交流，不論是書面的還是口頭的都無法深入進行下去。所以，人們為防止概念被偷換，都得一是一，二是二。

　　然而，幽默卻可以是一又是二，一語雙關常常是用來轉換概念的良好媒介。幽默可以超越通常的理性邏輯規範，它可以因概念轉換而提高其價值，這一點與科學研究有著明顯的不同。在科學論文中，為了防止概念轉換，就要對基本概念下嚴密的定義，而在幽默思維中，就絕對不用這種方法。為了方便於概念轉換，有幽默感的人專在那些界限比較模糊的概念上做文章，以達語意雙關的效果。

　　有個有錢人，待人很刻薄。這天吃飯的時候，來了客人，他把人家留在廳堂裡和傭人一起吃飯，自己偷偷地溜到裡屋和家人吃小灶。

　　客人很生氣，大聲說：「這座廳堂很可惜，許多梁柱被蛀蟲蛀壞了！」

　　主人聽見了，急忙走出來，問道：「蟲子在哪裡？」

　　客人笑了笑，答道：「牠在裡面吃，外面怎麼知道？」

　　客人的答話是語意雙關，一是指蟲子在吃，二是指主人在吃，這就是一語雙關法，即人們常說的「話中有話」。

　　一語雙關法一個明顯的特點是同一概念中包含著兩種不同的意思。即最後出現兩種概念並存，一個意思在外，一個意外在內。

　　在偷換概念構成幽默的方法中，一語雙關的難度最大，它既要找到一個能容納不同意思的概念，又要讓兩個意思在具體上下文中同時顯現。

　　一語雙關法的一個主要目的，是把你攻擊的鋒芒掩蓋起來，讓對方在你的表面上無鋒芒的語句裡，明白你真正的意思。它的效果將使你的智慧、情感和人格得以昇華，使你在社交，交談中立於不敗之地。

▋請君入甕法

　　請君入甕法就是讓自己的言行，有多種可能的含義，然後，誘導對方的注意力在一種含義上固定下來，即為對方所設的陷阱，使對方產生錯覺，最後突然向另一種含義上轉去，情境的對輪，使對方突然產生期待的失落，從而產生了強烈的戲劇性效果。

　　要想使你的幽默有滿意的效果，在抓住時機的同時，你要製造條件，創造氣氛，這樣你才能給幽默的對象一個意想不到的結局，達到你的幽默目的。請君入甕法很能體現一個人的高超智慧。

　　從前，有個客人去拜訪朋友。兩人一直談話，到了該吃飯的時候，主人也沒有留客用餐的意思。

　　客人想，要是留我，我未必在這裡吃飯，既然不打算留我，我卻偏要吃你一頓，而且要吃好的。他看見院子裡主人家的雞，就指著雞說：「雞這種家禽有七德，你聽說過嗎？」

　　主人說：「我只聽過雞有五德，一為文，其貌堂堂；二為

武，腳爪堅利；三為勇，敢鬥強敵；四為仁，保護同類；五為信，按時報曉。從沒聽說過七德呀，那兩德是什麼？」

客人說：「你若捨得，我就吃得。加上這兩德（得）不就是七德了嗎？」

這個客人的全部聰明就集中在把自己想吃雞的意願，透過諧音製造圈套，讓主人愉快地發現自己上當。

純調笑性幽默很難準確傳達主人正面肯定的意味，特別是導致荒謬、將謬就謬、以謬制謬的幽默，都不能明確地表示他如何正面肯定，因為它是以後發制人為特點的。

請君入甕法不以後發制人見長，而以先發制人見長。

操場上，一隊士兵整齊地排著隊。

「誰喜歡音樂，向前三步走。」長官發出口令，六名戰士走出了隊伍。

「很好，請你們把這架鋼琴抬到三樓上去。」

請君人甕法的祕訣在於語言圈套。語言之所以成為圈套是因為同一個詞語有不同的詞義。聽話者首先期待這一個意思，突然發現轉向了另一個意思。

「雞有七德」，就是讓對方期待「雞德」，結果卻變成「你若捨得，我就吃得」的「得」。士兵原來期待的愛好音樂是與樂曲的創作、演奏或演出有關的，突然卻變成了搬運樂器。

請君入甕法，比之任何其他形式的幽默方法都較簡單。只要你能出奇制勝地把對方引入你的圈套，讓對方不能有絲毫受騙感受，而按正常的理性思維去推理，你就成功了。

▌機智遊戲法

機智遊戲法主要是訴諸理性智慧和感官的情感結合，使人驚嘆你的聰明才智，由於能產生許多特殊的意外，給人某種心理預期的失落，從而產生趣味性。

因此遊戲中智力的運用，不像嚴密的自然科學和抽象的哲學使人敬而遠之，望而生畏。

一般說來，人們產生趣味有三種：

一種叫做理趣，純粹訴諸理性。一個數學家可以覺得數學很有趣味，一個哲學家可以覺得康德天書一樣的哲學著作有趣味。理性趣味不是自發的，沒有經過特殊訓練的人，不能直接進入這個境界，因而是不普及的。

第二種叫做情趣，直接訴諸感官欣賞的，它的對象是文藝作品，如繪畫、音樂、文學等等，都是透過感官通向感情的，向情生趣。情趣有其自發性，不必經過特殊訓練，所以，這種趣味是很普及的。

第三種即為理情之趣，是把理趣和情趣結合起來，既有理趣的必然性、嚴密性，又具有情趣的自發和虛幻。機智遊

戲法就屬於此類。

由於機智遊戲法是智慧和情趣相結合的產物，人們在社交活動中能發揮出來，的確為人所欣賞，引起共鳴。

某市召開攝影工作會議。到會的幾十名代表中，女代表只有三人，於是便成為大會矚目的對象。

會議結束時，有人提議請三位女士表演一個即興節目，全場頓時響起熱烈的掌聲和歡笑聲。

三位女士悄悄地商議了一會，不慌不忙地站起來說：「要我們表演節目可以，但是大家也要答應我們一個要求。」

「什麼要求？」

「這是一種有趣的遊戲，很簡單，就是我們數一、二、三，大家就把手舉起來。答應這個條件我們就表演。」

男代表們一想這有什麼關係，便異口同聲地說：「可以，可以。」

三位女士便一起數一、二、三！頓時，全場的代表都把手舉了起來。

三位女士便說：「現在準備好了，記者先生，請你快來拍照。」

攝影記者不解地問：「拍什麼哇？」

「拍一張《看誰的手最乾淨》。」

三位女士的所謂遊戲，其智慧不表現在遊戲形式本身有

什麼高明之處，而在那個絲毫不為人察覺和圈套的巧妙，開始大家真認為三位女士要表演一個正兒八經的節目，因此心甘情願地「上當」，使固有模式化的心理期待落了空，幽默感頓時產生，把大家變成了幼稚的小娃娃們。

可見機智遊戲法的遊戲是透過機智變成情趣，遊戲的目的是為創造幽默服務的，讓人感到你既有高超的機智，又有令人愉快的幽默感。因此，機智遊戲法應是情趣勝於理趣。

理趣是有限的，欣賞時要求對方具有同樣的推斷能力和速度；情趣不同，一望而知，一目瞭然。而且人的情感是自發的，因此，一個人的情趣能與一切感覺能力正常的人溝通。

情感和感覺之間的關係千變萬化，所以情趣不但易於感受而且由於富於想像，因而也豐富多彩。

在機智遊戲法中，人們也有攻擊性或有其目的性。

一個旅行者騎馬趕路，途中遇上了一場大雨。當他趕到一家小客店時，渾身已經溼透了。但客店裡擠滿了人，他無法走近火爐前。於是他對老闆說：

「拿點魚去餵餵我的馬。」

老闆很奇怪：「馬不吃魚呀。」

這人說：「你去餵就行了。」

老闆只得拿魚去餵馬，客店裡的人也都跟著前去看戲。這人便如願地坐到火爐邊烤開了火。

旅行者這種高超的騙術，也可以說是巧妙地應用了機智遊戲法。雖然使眾人受騙，感覺到受了攻擊，但由於他的幽默感，使眾人反而感到自己的愚蠢可笑。「餵馬吃魚」本是十分荒謬的事，而大家出於將信將疑，都想看個究竟，哪知這是一個圈套，等到感覺受騙時，也就趣味頓生，為之一笑。

▌詼諧戲謔法

所謂詼諧戲謔法，就是帶有很強的攻擊性，或表面攻擊性強，其實是無攻擊性的幽默；越是親近的人攻擊性越強烈，越是疏遠攻擊性就要越弱。簡言之，就是開的玩笑是帶有機智、哲理的玩笑，目的是為增加你與對方的親切感。

所以，詼諧戲謔法在親朋好友之間用得最多，對於陌生人，不管多麼虛幻，都是很危險的，起碼給他人以不禮貌之嫌。而在知心朋友，由於彼此了解，心理承受能力高，他知道你對他不會有什麼實際傷害，在你攻擊他時，他所欣賞的是你的機智和幽默，攻擊的結果自然是無傷大雅，皆大歡喜。

有句名諺：「出門觀天色，進門觀臉色。」詼諧戲謔法要注意適合時宜。在某些特定場合能發揮的戲謔幽默，在其他場合效果可能就差得多。特別是對不太了解或完全陌生的人，掌握時宜更顯得重要。

　　有一個人很有幽默感，而且擅長恭維。一天，他請了幾位朋友到他家一聚，準備施展一下自己的專長。他臨門恭候，等朋友接踵而至的時候，靠近問道：「你是怎麼來的呀？」

　　第一位朋友說：「我是坐巴士來的。」

　　「啊，華貴之至！」

　　第二位朋友聽了，一皺眉頭打趣道：「我是坐飛機來的！」

　　「啊，高超之至！」

　　第三位朋友眼珠一轉：「我是坐火箭來的！」

　　「啊，勇敢之至！」

　　第四位朋友坦白地說：「我是騎自行車來的。」

　　「啊，樸素之至！」

　　第五位朋友羞怯地說：「我是徒步走來的。」

　　「啊，健康之至！」

　　第六位朋友故意出難題：「我是爬著來的！」

　　「哎呀，穩當之至！」

　　第七位朋友譏諷地說：「我是滾著來的！」

　　主人並不著急，說：「啊，真是周到之至啊！」

　　眾人一齊大笑。

　　主人的戲謔幽默是純自我保護性的，幾乎無攻擊性，既

戲謔了朋友，又沒有傷害朋友，表現了他觸景生情，即興詼諧的才智。

可見詼諧戲謔法主要是掌握分寸感，在你的社交中要有過人而精緻的感覺能力、洞察能力和應變能力，要才思敏捷、妙語如珠，否則，就不能登堂入室去幽默地戲謔你的朋友或其他人。

▌化怒為趣法

化憤怒為趣味就是在特殊情況下，抓住時機把憤怒轉化為幽默。不管多激憤的言行，只要把它誇張到非常荒誕的程度，憤怒的情緒就能緩和，因為荒誕到極點就產生了虛幻性。

憤怒與幽默是完全不相關的。幽默是一種寬容大度的表現，幽默家的本領不是放任自己怒氣沖天，而是抑制怒氣，化解怒氣。

憤怒則是直接針對所要攻擊的對象，一旦攻擊，輕則怒目而視，悻悻不已，重則惡意謾罵，大動干戈。憤怒離幽默甚遠，當情感緊緊被傷害對方的意向所控制，就很難從中解脫出來，更不可能從另一方面著想，去考慮對方的自尊或對對方的愚昧作悲天憫人的退讓，更不可能對自己作冷靜的審視，作自我調侃。所以，只有具有幽默感的人才能化怒為趣。

第九章　幽默七十變（二）

　　有一天，李老頭在自家街口買了一條圍巾往回走，碰到鄰居的一位女孩，她也買了一條，並高興地對李老頭說，她今天只花了 300 元，就買到了一條漂亮的圍巾。

　　李老頭一聽，頓生怒氣，轉身去找那擺攤的小青年。

　　「喂，你剛才賣給女孩 300 元而賣給我 600 元，你這是什麼道理？」

　　「因為她是我的親戚，老頭子，你知道嗎？」

　　老頭子一聽，二話不說，又拿了一條圍巾就走。

　　小青年緊追上前：「你怎麼不給錢就走？」

　　「因為我們是親戚，我是那女孩的爸爸呀！」

　　「啊⋯⋯」

　　李老頭怒中生智，抓住時機，歪打正著。小青年的話是想用親戚堵李老頭的嘴，李老頭同樣用攀親來達到自己的目的。由於都是假親戚，以假對假就產生了一種荒誕，這樣荒誕到極點上，可笑的特點就湮沒了令人惱火的特點。

　　以憤怒轉向詼諧是很困難的，如果荒誕達不到這樣的極端，是不能令人在怒火中燒之餘笑出聲來的。

　　有一次，阿凡提與一書生外出趕考，住在一家客店。因忙於趕路，清晨兩人就梳洗起來。可是店裡只有一把梳子和一面鏡子。書生嫌阿凡提髒，便有意戲弄道：

　　「梳子你先用左邊，我後用右邊。」

阿凡提一聽很生氣，瞅了瞅梳子，遂道：「那這面鏡子你先用後面，我再用前面吧！」

書生聽後無言以對，自愧不如。

在人際交往中，要使對方化怒為笑不是簡單的事，並非只要你荒誕一下，對方的情緒就一百八十度地大轉變了，這還得有其他的條件配合才成。

▌自相矛盾法

自相矛盾法是人們幽默的重要手段，有著鮮明、強烈的幽默效果。因為大家都知道，說話不能自相矛盾，這是邏輯思維得以進行的起碼條件。自相矛盾是智力上低能的表現，然而邏輯上的自相矛盾，往往卻可能產生幽默的趣味，而幽默的趣味恰恰從邏輯上不通的地方開始。這不通的邏輯作為一種結果引起了人們的震驚，推動我們去想像它的原因，而這原因往往是十分有趣的。

一位朋友起身要回家去，而外面正下雨，他向主人說：

「下雨了，請你把雨衣借我用一用，好嗎？」

主人說：「可以的，不過你要留心點，千萬別把我的新雨衣用溼了。」

明明下雨，把雨衣借給朋友，卻又不讓打溼，這不是自相矛盾嗎？這種幽默是戲謔性的，之所以幽默，是因為所說

的條件不可能辦到。

在社交場合有這樣一種規律，越是生疏的人，越是彬彬有禮；而越是關係親呢，越是可以開可怕而荒謬的玩笑。由於是自相矛盾的，玄虛的，因而無攻擊性，反而顯得風趣可笑。

自相矛盾幽默法，除了自我暴露以外，也有帶攻擊性的，其特點是把矛盾的不相容性以誇張的形式突顯出來，以顯示其荒謬性，來批評或攻擊某種對象。

有個法官斷案的故事，說的正是一個聰明的法官以自相矛盾法查明了事實的真相。

有一次，兩個爭訟者來見法官，一個說另一個欠他許多黃金，另一個硬不承認，堅持說：「我是第一次見他，從來沒有和他共過事。」

「你要他還的黃金，當時是在什麼地方借給他的？」法官問原告。

「在離城三里遠的一棵樹下。」

「你再去一趟，把那棵樹上的葉子帶倆回來，我要把它們當見證人審問一下，樹葉會告訴我真情的。」法官提出了這樣的一個怪誕的建議。

於是，原告去摘樹葉去了，那個叫喊冤枉的被告留在法庭上。法官沒有和他談話，卻在審理別的案子。這位被告作為旁觀者正津津有味地看著法官審案。正當案子處於高潮

時，法官突然回頭向他輕輕問道：

「他現在走到那棵樹沒有？」

「依我看，沒有，還有一段路呢！」

「好吧，既然你說沒跟他一起去過那裡，你怎麼會知道還有一段路呢？」法官嚴肅起來。被告頓時驚慌失措，知道說漏了嘴，不得不承認詐騙罪。

▌巧借話題法

巧借話題法，就是巧妙地借助別人的某一話題，進行發揮，引出對方未曾預料到的新的思路，以表達自己要說的話的幽默手法。

有一則「價值幾何」的幽默：

有一次，拜倫（George Gordon Byron）在泰晤士河岸散步，看到一個落水的富翁被一個窮人冒著生命危險救上岸。然而，這個窮人得到的酬謝，卻只是一個小小的銅錢。

聚集在岸邊圍觀的人們非常氣憤，叫嚷著要把這個忘恩負義的傢伙拋到河裡去。這時，拜倫阻止他們說：「把他放下吧，他自己很清楚他的價值。」

在這裡，拜倫借「富翁只給一個小小的銅錢，人們要把這個忘恩負義的傢伙拋到河裡去」這個話題，不無幽默地說出「他自己很清楚他的價值」，對身上散發銅臭的富翁進行了辛辣的諷刺。

阿凡提害眼病，看不清東西。國王偏叫他來看這個看那個，還取笑他說：

「你不論看什麼，都把一件東西看成兩件，是嗎？你本來窮得只有一條毛驢，現在可有兩條了，闊起來了，哈哈！」

「真是這樣，陛下！」阿凡提說：「比如我現在看你就有四條腿，和我的毛驢一模一樣呢。」

有一天，國王和大臣帶著阿凡提出外打獵。天氣像火燒一樣，熱得國王和大臣汗透衣衫，他們就把溼透的衣衫脫下來搭在阿凡提的肩上。

阿凡提本來就夠熱了，身上再加上國王和大臣的衣衫，更是汗流如雨。國王見阿凡提熱得滿身大汗，便故意戲弄他：

「阿凡提，你真不簡單，能馱一頭驢馱的東西。」

阿凡提聽了很生氣，但卻平靜地說：「不，我肩上馱的是兩頭驢的東西。」

阿凡提兩次對國王的回答，用的都是巧借話題法。他巧妙地借助國王的話題，進行發揮，狠狠諷刺了國王一番，讓其自作自受，自討沒趣。

借題發揮，要借得合理、巧妙，構成順水推舟之勢，不能牽強附會。特別當一個人面臨某個具體場合時，要善於敏感地、準確捕捉住眼前的事物，藉以發揮出更大的幽默效果。

▌童心稚語法

　　童心稚語法，即孩子們由於天真而產生的幽默，他們以坦誠待人，毫不掩蓋道地出真相，使人感到輕鬆愉快。有的成年人也保持童貞之心，模仿孩子們那種幽默思維，同樣會產生很強的幽默效果。

　　軍軍重重地跌了跤，滿身泥濘地回到家裡。

　　「你這個淘氣鬼！」他母親驚叫道：「你怎麼搞的，穿著這麼好的褲子摔跤了！」

　　「原諒我，媽媽，」軍軍哽咽道：「我跌跤的時候，來不及把褲子脫下來！」

　　這是小孩子的稚語，幽默自然而然地流露出來。

　　再舉一例：

　　小路是一家大公司的職員，他經常在辦公時間出去理髮，儘管他也知道這樣做是違反公司規定的。

　　一天，當小路又在上班時間內理髮時，公司的經理正巧也來理髮，小路無法躲開了。

　　經理說：「你好，小路，我看見你在辦公時間理髮。」

　　小路鎮靜地回答：「是的，經理。你看，我的頭髮都在工作時間內長出來的。」

　　「不是全部吧，其中一部分是在下班時間長的。」

　　小路很有禮貌的回答：「是的，經理，你說的對極了。所

以，我只剃去一部分而不是全部剃掉。」

小路說他只剃去一部分而不是全部剃掉，也是稚氣的孩子話，是很幽默的。

▌旁敲側擊法

旁敲側擊法就是利用風趣的語言來回擊或反駁一些錯誤的觀點，是一種更加含蓄迂迴的幽默技巧。

旁敲側擊法要取得幽默的效果，大多數是取決於聽眾的靜心默想，反覆品味，因為它的特點是：謎底被深深地埋藏在謎面的下面。所以，聽眾在聽完話之後，必須有個回味的時間，才能體會到謎面和謎底之間微妙的連繫。因此，一個真正有幽默感的人，不但要自己善於說，而且還要善於領悟到別人的幽默。

請看這樣兩個例子：

「哪種笨蛋可以被認為是不可救藥的？」有人問一位哲學家。

「在同一地絆倒兩次的人。」哲學家回答。

哲學家似乎答非所問，他沒有具體回答不可救藥的人生什麼病，卻指同一地方絆倒兩次的人，提示這些人不會吸取教訓，便無可救藥。用這種旁敲側擊，含義則豐富得多。

1937 年的時候，維也納的人們談話的中心是戰爭的危險性。

　　地理教師斷言說：「希特勒永遠也不會進攻奧地利，否則就要打大仗了。請你們注意看這個地球儀，德國在這裡，那麼一點點大，而在他的周圍，有英國、法國，還有俄國，都比德國大。美國就更不用講了……」

　　歷史教師搖著頭說：「這個我也知道，可是老弟，希特勒也知道這點嗎？」

　　歷史教師這句話的言下之意，指出希特勒這個法西斯的頭子是戰爭狂，他絕不量力而行的。

　　再舉一個現代生活中的例子。

　　一位顧客坐在一家星級酒店的桌旁，把餐巾繫在脖子上。經理很反感，叫來招待員說：「你讓這個先生懂得，在我們的酒店裡，那樣做是不允許的，但話要說得盡量委婉些。」

　　招待員來到那人的桌旁，很有禮貌地問：「先生，請問您是要刮鬍子，還是理髮？」

　　語音一落，那位顧客立刻意識到自己的失禮，趕快取下了餐巾。

　　招待員的話雖然只有一句，但在這種語境中，卻表達了兩個語境的推理：

✧ 只有刮鬍子或理髮，才把毛巾繫在脖子上。你把餐巾繫在脖子上，所以，你是刮鬍子或理髮。

✧ 只有刮鬍子或理髮，才把毛巾繫在脖子上。你不是刮鬍子，也不是理髮（因為這裡是星級酒店）。所以，你不該把餐巾繫在脖子上。

女招待員沒有直接指出客人有失禮之處，卻拐彎抹角地問兩件與酒店毫不相干的事（刮鬍子和理髮），表面上似乎是招待員問錯了，而實際上還是透過這種風馬牛不相及的事情來提醒這位顧客。既使顧客意識到自己失禮之處，又做到禮貌待客，不傷害人的面子。女招待員採用的正是旁敲側擊法。

在現代交際中，當需要批評或提醒他人而又不便直接向他提出時，便可考慮使用這種幽默風趣的旁敲側擊法。從側面提出一些看似與主題無關的話題，以此來達到啟發、提醒、勸阻、教育他人的目的。

運用旁敲側擊法時，要注意在話說出口之前，不妨先動動腦筋，從正面、反面、側面多角度地想一想，尋找出可以使人得到啟發的多種不同的表達方式，選擇其中一種最好的，從而達到預想的交際目的。

▌位移真義法

人們總希望自己能言善辯，能夠妙語連珠、幽默詼諧地和周圍的同事、朋友們交談。或許，位移真義法這種幽默技巧能為你的交談增色。

位移真義法就是思想傾向的偏離，把心理重點移到另一主題上，而不是原來的主題上。人們常用這樣的詞詢問，如：怎麼、怎麼樣、什麼樣等等，對於這類問題的回答，位移真義法往往會有意料不到的幽默和機智效果。

首先讓我們從一則小幽默裡品味一下位移真義法的妙處。

在一次軍事考試的面試中，主考的軍官問士兵：「一個漆黑的夜晚，你在外面執行任務，有人緊緊地抱住你的雙肩，你該說什麼？」

「親愛的，請放開我。」報考者和婉回答。

也許乍一看，我們會莫名其妙，可等你回過神來，恍然大悟時，一定會忍俊不禁的。「親愛的，請放開我。」一般是情人間親暱的用語，軍官問的是想知道他的士兵怎樣對付突襲者，而年輕的士兵則理解或說故意誤解為戀人抱住他雙肩時，他該說什麼。把原心理重點「怎麼對付抱住他雙肩的敵手」，巧妙地移到另一個主題上 ——「怎樣對付抱住他雙肩不放的情人」。這就是我們所說的位移真義法。

人們說的話，往往字面意義與說話人想表達的意義並不完全一致，我們暫且稱它們為表義和真義。將說話人的真義棄之不顧，而取其表義，是位移真義法的根本技巧。

有個小姐到雜誌社編輯部對總編說：「我有個笑話要投稿，請你們在雜誌上發表。」

編輯看過稿子後，說：「小姐，這笑話有些冷。」

小姐馬上說：「沒關係的，你們就在夏天發表它吧。」

在這裡，總編輯說的表義是幽默有點冷，而真義卻是這幽默不適合發表，儘管小姐對表義是幽默有點冷，而真義卻是這幽默不適於發表，即使小姐對真義已很清楚，但她故意置之不顧，拾起話的表義，很機智地幽默了一番，這也是採用了位移真義法的幽默技巧。

每個人說話，都有一定的前提，並且這些前提往往是大家都承認的，被心照不宣地省略掉了的。位移這些前提，需要敏銳的頭腦和很強的邏輯推理能力。但以位移真義法位移前提而成功的幽默往往會引得人讚不絕口。請看下面一個例子：

房客對房東說：「我沒法再忍受下去了，這屋頂一刻不停地往我房間漏水。」

房東反駁說：「您還想怎麼樣？就你那一點點房錢，難道還想漏香檳不成。」

這的確是個很精湛的幽默。房客的真義是「不論漏什麼都有礙於他。」但是老成的房東卻故作懵懂不知，將它位移為「漏香檳比漏水要好，漏水次之」。

如果能辨明真義與表義，平時說話時，就可以應用這種位移真義法製出很多幽默來，如果有人用很具體的事實抱怨

你，比如你請客，朋友戲謔說你的酒是摻了水，你不妨試著用些方法幽他一默。

笑聲會使人心情開朗，容光煥發，而幽默則會給你帶來笑聲、歡顏。生活中處處都有幽默，只要存有幽默的心，你就能抓住它。

▎擬人幽默法

擬人法，是創作童話、動畫和寓言的常用手法。我們這裡所說的擬人幽默法，是從童話王國、動畫世界和寓言故事裡尋找幽默感覺。

為了表現和平這個永恆的主題，有人畫了一頭鬥牛，卻將兩隻犀利的牛角打成蝴蝶結，而且悠閒地聞著一朵鮮花。

擬人幽默法，是人和世間萬物的交流和對話，使人和大自然更加親切和諧，這也是幽默所要追求的一種效果。

先請看一則幽默：

一天，李四去拜訪他的朋友王五。當他走近王五的住宅時，一條大狗竄出來對他汪汪吠叫。李四嚇得大叫王五。王五聞聲出來看見了他，說：「不要怕，諺語說『會叫的狗不咬人』，你不知道嗎？」

李四回答：「我倒是知道諺語，可是狗……它也知道這條諺語嗎？」

　　這則幽默的絕妙處就在於最後一句話上，李四故意將人和狗相提並論，將狗人格化，把它變成了一個會思考的動物，從而既發洩了心中的不悅又不失去禮貌，他所採用的幽默手法，就是擬人的幽默法。

　　從某種角度來看，我們不能說動物沒有情感，但是動物畢竟缺乏動機和手段結合起來的能力。因而，擬人則賦予動物強烈的感情色彩和某種動機，把某些無意識地結果變成有意識的自覺行為，幽默往往由此而生。

　　請看一則阿凡提的故事「驢的朋友」：

　　有一個新上任的縣官，聽說阿凡提機智，很不服氣，揚言要把他戲弄一番。

　　阿凡提知道了這件事，就自動騎著毛驢來到衙門，對縣官說：「我來了！」

　　縣官看見他和毛驢一起進來，故意大聲招呼說：「歡迎你們兩位一同光臨！」

　　阿凡提拍了拍驢背，毛驢揚頭叫起來，又是甩蹄子，又是搖尾巴。阿凡提說：「我的這頭蠢驢在家說，它的朋友當了縣官，非叫我帶它來見你不可！」

　　縣官漲紅著臉說：「那是你的驢，跟我有什麼相關？」

　　阿凡提對毛驢說：「我叫你不要來吧，你的朋友一當了縣官，就不認你了！」

鄉親們一起大笑起來。

在這則笑話裡，縣官和阿凡提都同時使用了擬人法，把毛驢人格化，然而阿凡提技高一籌，活靈活現地把他的毛驢說成是縣官的朋友，達到了嘲諷縣官的幽默效果。我們說，語言是人創造的，是人類的專利產品，因而，人不願與動物享受同等語言待遇。但在某些時候，某些場合，也不妨讓動物說說人話，過過做人的癮，也別有一番情趣。

▋荒謬誇張法

荒謬的誇張幾乎總能引起人們發笑的。因為荒謬誇張本身包含了不協調，從而則產生強烈的幽默效果。而吹牛的幽默故事也聊不勝舉，現索性羅列幾則以作笑資。

某兄弟均愛吹牛。兄說：「我昨日吃了個極大的蒸餃子，用一百斤麵，八十斤肉，二十斤菜，包了一個，蒸好了用四張方桌才放得下；二十幾個人四面轉著吃，吃了一天一夜，沒吃到一半，不見了兩個人，遍尋無蹤，忽聽餃子裡有人說話。揭開一看，原來那兩人鑽進裡面掏餡兒吃呢。你說這餃子大不大？」

弟說：「我昨天吃的肉包子，那才叫大呢！幾十個人吃了三天三夜，沒見著餡兒。往裡猛吃，吃出一塊石碑來，上寫『離餡還有三十里』。你看這包子大不大？」

兄說：「你這麼大包子，用什麼鍋蒸的？」

弟說：「就是你蒸餃子的那個鍋。」

再說一則「吹牛皮」的故事。

從前，有個人愛吹牛，盡說大話。有一次，他對別人說：「我家有一面大鼓，這鼓有多大，我就不說了。敲一敲，百里內都可以聽到鼓聲。」

對方說：「這有什麼稀奇的，我們家有一頭大牛，這牛多大，咱也不說，就說牛頭吧，在江南飲水，牛犄角都頂到江北了。」

吹牛人聽了，連連搖頭說：「瞎說，天底下哪有這麼大的牛？」

對方說：「要沒有這麼大的牛，你們家的大鼓，拿什麼來蒙呢？」

一個法國人，一個英國人和一個美國人在一起吹噓他們本國的火車是如何如何地快。

法國人說：「在我們國家，火車快極了，路旁的電線杆看起來就像花園中的柵欄一樣。」

英國人忙接上說：「我們國家的火車真是太快了！得往車輪上不斷潑水，不然的話，車輪就會變得白熱化，甚至熔化。」

「那又有什麼了不起！」美國人不以為然地說：「有一

次，我作國內旅行，我女兒到車站送我。我剛坐好，車就開動了，我連忙把身子探出窗口吻我女兒，卻不料吻著了離我女兒六英里遠的一個滿臉黑乎乎的農村老太婆。」

隨意成趣法

隨意成趣法，是對產生幽默趣味的種種方法的綜合運用，乍一聽，是信口開河，再一想，卻耐人尋味。

我們這裡所說的隨意，並不像海市蜃樓那樣虛無縹緲，使人難以捉摸，而是貼近生活的。完全可以套用一句搓麻將的術語：自摸。

運用隨意成趣幽默法，要具備以下兩個條件：一是和諧，二是自然。

夏夜，你在朋友家小坐。

「啪」的一聲，你打死一隻蚊子，一摸手臂上，已經鼓起一個大包。

「咦！這蚊子怎麼專叮生人啊？」

「這是我們家的看家蚊子了！」男主人笑了。

「哼！」女主人卻借題發揮說：「連我家的蚊子也學會喜新厭舊了。」

一時不知道這話裡包的是什麼餡，使你坐也不是，走也不是。這時，幽默趣味能不能救你呢？

「嗯……啊……明白明白……」你故意自言自語地唸唸有詞。

「你在跟誰說話呢？」女主人驚異地問。

「你沒有看到你們家的看家蚊子在跟我咬耳朵嗎？」

「那它跟你說什麼？」女主人臉上的烏雲鬆動了。

「它說哼哼哼，又說嗡嗡嗡，聽懂了吧？」

「我又不是蚊子……」女主人忍不住笑了。

「它對我說，我咬了你一口，才知道你是個男的，要不然，我還當你是第三者插足呢？」

大家都笑了。幽默趣味驅散了夫妻間即將發生的一場風波，這就是和諧。

▌自我解嘲法

自我解嘲是一種最高層次的幽默手法，也是最有效的幽默方法之一，具有很高的實用性。

人們在社交生活中，有時即使講出了一些很驚人的妙語，很深刻的哲理，對方還是茫然木然，心不在焉。這就是說你如果不能縮短你與對方的心理距離，打不破豎在你們之間的那堵透明的牆，你自己最終會喪失駕馭他們的信心，直至你『在社交中垂頭喪氣地敗下陣來為止。

要打破這堵透明的心理隔閡，把對方的注意力提到相當

高度，最具強烈效果的就是自嘲自貶 —— 一種列入最高層次的幽默。

自嘲自貶無非兩種：一是貶低自己的能力或自己的長相，還有一種就是嘲笑自己做過的蠢事。

現已退休的老許，雖然年事已高，卻老當益壯。一日友人來訪，問道：

「你看來完全沒有變，你的長壽祕訣是什麼？」

「沒有祕訣，我一向樂觀。」老許回答說：「天塌下來我也不怕，因為有高個子首先頂著。」

這個幽默，是從日常生活中的一句大俗話裡化過來的，是不是還能產生幽默效果？就看什麼人說，在什麼場合運用了。至於老許對個子比他高的友人說這番話，那就更加耐人尋味了。

而我們從這個快人快語中會不會覺得充滿了自嘲精神？往深處想，還會發現一個敢笑自己矮的人，他的心靈自由度一定很高。

自嘲幽默法不是故意貶低自己，以譁眾取寵，而是為了真實地再現自己的價值和高度。

一個演員說：「我初次登臺，觀眾就送我許多鮮花，我讓妻子開了個花店。」

另一個說：「這並沒有什麼稀奇，我初次登臺觀眾送了我

一座房子。」

「真的？」

「真的，我還沒有演完，每一個觀眾都投一塊石頭到臺上，足夠造一座房子了。」

嘲笑自己的缺點比嘲笑他人的缺點的高明之處在於把自己的珍愛和對自己的貶抑結合起來，以主動貶抑體現自己心靈的純淨，而對別人的調笑卻沒有這麼強的珍愛和貶抑的反差、這麼複雜的情感結構。

▌任意並列法

任意並列法是指把兩種或兩種以上互不相干甚至是完全相反的、彼此之間沒有歷史的或約定俗成的事物放在一起對照比較，顯得不倫不類，以揭示其差異之比，即不協調因素。

在任意並列法的運用中，對比雙方的差異越明顯，對比的時機和媒介選擇越恰當，所造成的不協調程度就越強烈，對方對類比差異性的領會就會越深刻，所造成的幽默意境也就越耐人尋味。

人們的日常生活和科學研究一樣，凡分類都是約定俗成，得用同一標準，否則，必然造成概念的混亂，導致思維無法深入進行。人們從小就訓練掌握這種最起碼的思維技

巧。如：豬、牛、羊、桃就不能並列在一起，人們會把桃刪去，這是科學道理，但並不幽默。

在任意並列法產生的幽默的趣味恰恰要破壞這種科學的邏輯規律，對事物加以不倫不類的並列。

有一次，一位口才非常好的老師正在作演講。他說他的演講風格主要是受了三個人的影響：一個是美國前總統華盛頓，一個是著名學者聞一多。說到此他停了下來，大家屏聲靜息地等待他的下文。他環顧了四週一下說道：第三個就是我 7 歲的女兒。臺下頓時哄堂大笑。

這是因為前兩個都是名人，與一個 7 歲的女孩根本無法作相稱的排比。

這種辦法實用性很高，生活中隨處可以運用。週末你和孩子到郊外野餐，孩子提出下次可以讓媽媽一起來，你可以補充一句：「我想最好是帶媽媽和百事可樂一起來。」

此外，把不倫不類的東西以對稱或並列的形式生硬湊在一起，也會產生滑稽之感，這可說是一個規律。語言的對稱或並列在我國以對聯為最嚴整，因而對聯的內容稍有不相稱之處則立即產生滑稽的感覺。清梁章鉅的《楹聯叢話》中載一則故事：

一個開藥店的發了財，拿錢捐了一個「同知」（相當於縣長）的官銜，又買了一個官員的別墅。每逢喜事宴會，動

不動就穿起五品官服來。有人就寫了一副對聯來諷刺他：「五品青天服六味地黃丸。」

「六味地黃丸」是一種很流行的中成藥名稱，把官品制服與中藥的名稱用嚴格的對仗組合在一起，形式的密合，和內容上的拒斥形成反差，幽默之趣油然而生。清朝《笑得好》載有以下這個故事：

有一王婆婆，家道富裕，希圖風光風光，想在壽材上題些堂皇的字句。就拿了一大筆錢給道士。道士沒有辦法，只好寫：「翰林院侍講學士，國子監祭酒主管，隔壁王婆婆之柩。」

這個故事銜頭很大而關係甚薄，明顯不倫不類，幽默感就產生在這裡。

▋曲說暗示法

何謂曲說暗示法？即對事物表達自己的看法，不是透過直說，而是透過種種可能進行曲說，並達到幽默效果的方法。曲說可理解為從各個側面。

曲說暗示法廣為人們喜歡，其原因在於它在多方面對人們進行了照顧、安慰。比如面子，後面躲著自尊。如果有人用露骨的方法去刺他，不論他的面子後的自尊有沒有教養，它都不允許自己被刺，那麼仇恨、報復就由此產生了。

　　如果運用曲說暗示法來解決，首先，照顧了他的面子，而柔軟曲說的話語卻達到了尖銳的目的。一方面他會知難而退，另一方面，他會因照顧了他的面子反而有欽佩和感激了。

　　曲說暗示法，能廣泛地用於生活的各個方面，幫助我們解決困境。教養好的人，你常常會在他的身上發現暗示。請看這則幽默：

　　有一對夫婦，丈夫做錯了一件事，妻子不但不諒解，反而更加嘮叨得令人生厭。於是，丈夫火氣十足地說：「請別這樣嘮嘮叨叨了好不好，不然，我要在桌上痛打十巴掌了。」

　　「關我屁事，打呀，打。」想到肉痛的不是她自己，妻子反而火上加油。

　　「但是，」丈夫道：「經過這十巴掌的鍛鍊，第十一巴掌打在肉上可就有些功夫了。」

　　妻子戛然而止。大概她領會了丈夫內心的火氣，不想讓臉作為丈夫練功夫的沙袋吧！

　　在這個幽默裡，丈夫打了十巴掌，第十一巴掌要打在什麼地方，就是一種暗示。這個暗示包含了如下意思：我心裡很火、很煩，需要理解和清靜。現在我得不到這些，反而遭受另一種折磨，我有點忍無可忍了。為此，你最好住口，否則就別怪我不客氣了。「功夫」一詞，則承擔了幽默的任務，這就是暗示幽默法。

在戀愛中，我們更可以使用暗示幽默法。

有一對情人在戀愛中，一天晚飯後，他們一起出去散步，來到了青青的河邊上，看見有一頭牛在默默地吃草，緩緩地移動。男的指著牛說：「看那條牛多好呀！悠然自得，樂不思蜀。」

女的微微一笑說：「那頭牛好是好，但也有不盡如人意的地方。」

男的說：「怎樣才能盡如人意？」

女的道：「要是這頭牛吃了晚飯，把碗筷通通端進廚房洗了就盡如人意了。」

男的不好意思地笑了，顯然是接受了女的這幽默的暗示，記起自己在未來的岳母家吃了飯便一丟碗筷的毛病，這可能會使岳母翹起嘴巴。

交際中我們照樣可以使用暗示幽默法。

如果你知道一個同事在背後說了你的壞話，你可否這樣對他說：「我妻子今天吃了大虧了。」

「怎地？」他必然會問。

「她在背後說了一個鄰居的壞話，以為人家不知道，可是，『要想人不知，除非己莫為』，結果，人家還是知道了，兩個人演了一出『全武行』，我妻子虧就虧在她的兩顆門牙全是假的。」

一笑之餘，那位同事一定會面紅耳赤吧！

事事可幽默，時時可幽默，只要你努力，任何困境都可以用曲說暗示法來對待的。

▌歪解詞義法

所謂歪解詞義法，指的是故意對某些詞句的意思進行歪曲的解釋，以滿足一定的語言交際需要，造成幽默風趣的言語特色，叫人忍俊不禁，從而增加輕鬆愉快的談話氣氛，更好的協調人際關係。

詞語有它固定的含義，絕大多數不能按其字面的意思來解釋，而別解詞語法卻偏偏「顧名思義」，突破人們固定的思路或者跳開常理，從而產生幽默感。

靜態的詞語大多是多義的，但是在一定的語境之下使用就轉化為動態了。一般的動態詞語則變成單義，別解詞語法就是利用語言的多義性，即明知是甲義，偏理解為乙義，有意混淆它們，以求產生幽默的效果。

如：小王正呆坐著，老李走過來和他鬧著玩，在他頭上故意摸了一把。小王說：「欺負人家幹嘛？」老李微笑答道：「欺負人家關你什麼事？」老李的答話使得小王也不由地笑了，小玩笑開的很是成功。

我們知道，代詞「人家」可以指別人，也可指說話人自

己。小王說的「人家」很明顯指的是後者，但老李卻故意將「人家」理解為前者。這樣，既然是「別人」，當然與「你」沒有什麼關係！詼諧風趣，令人讚嘆！

歪解詞義法除了經常「顧名思義」、「利用多義」之外，還常利用音同音近的諧音，如歇後語，即是用這種別解詞語的手法創造成功的。當你使用這些歇後語時，也就是在不知不覺地使用別解詞語法。如：

- ✧ 嗑瓜子嗑出臭蟲來了 —— 什麼仁（人）兒都有
- ✧ 石頭蛋子醃鹹菜 —— 一鹽（言）難近（盡）
- ✧ 一二三五六 —— 沒四（事）

從上面我們可以看出，強烈的幽默效果往往產生在故意曲解某些詞語的含義中。所以，當你使用歪解詞義法時，一定要感到你是故意曲解詞語，而不是「無意」。否則，也許會讓人以為你是天下第一號的大傻瓜。

張冠李戴法

張冠李戴法，即把慣於描述甲事物的詞語移用來說明或形容乙事物，從而產生一種巧妙的耐人尋味的幽默效果。

唐代詩人白居易在《長恨歌》中用「春寒賜浴華清池，溫泉水滑洗凝脂」來描繪楊玉環的皮膚白嫩而柔滑，從而流傳了一千餘年。但現今，人們對那些陰柔有餘陽剛不足的男

士，戲為「奶油味」，這就如同「女人蓄不得鬍子，男人翹不得蘭花指」一樣讓人忍俊不禁了。

還有一種情形，就是把尋常不搭配的詞語巧妙地進行臨時組合，而顯得妙趣橫生，這是張冠李戴法的又一技巧。比如：

某主持人在介紹自己時說，中國五千年的歷史滄桑都寫在我的臉上。該主持人借張冠李戴法，為自己滿臉滄桑作了絕妙的打趣，讓觀眾樂不可支。

某人在描繪一個人時，說他有一張「乘風破浪」的臉，這樣的形容讓人解頤難忘。再如「鬧市區讀臉譜」、「英國人的保守是『譽滿全球』的」等等，都有著既俏皮、幽默，又深刻、耐人尋味的幽默效果。

綜上所述，詞語轉移法是有效的幽默技法之一。它的感染力大，滲透力強。隨著當前社會心理對幽默方興未艾的渴求和推崇，以及人們視野、訊息量的擴大，可以預想，詞語轉移幽默法，將越來越受到人們的青睞。當然，使用起來還要注意得體、得理、得時，否則易弄巧成拙。

▌鈍化攻擊法

鈍化攻擊幽默法，就是用適當的誇張使攻擊性虛幻化，顯得不刻薄，反而有親切感。幽默的大忌乃是敵意或對抗，幽默產生在避免衝突、卸除心理重負之時，但是這不是說一

且面臨敵意和衝突，幽默就注定了自己消亡，這要看幽默的主體是否有足夠的力量，幫助你從凶險的衝突、怨恨的心理、粗魯的表情、一觸即發的憤怒中解救出來。

即使你不可能改變你的攻擊性，幽默極可能幫助你鈍化攻擊鋒芒，或者說，由於恰如其分地鈍化攻擊的鋒芒，你的心靈獲得了幽默感的陶冶，便能遊刃有餘地以更有效的方式來表達你的意向，並避免弄僵人際關係。

這實在是需要更高一等的智慧和更雍容更博大的胸襟。幾乎每一個面對衝突的人都面臨著對他的幽默感的嚴峻考驗，而只有很少的人能夠經得起考驗。

在運用鈍化攻擊幽默法時，你首先要原諒攻擊對象的心理，不然就無法發揮你的幽默感。

有一家住戶，水管漏得厲害，院子裡已經積滿了水。修理工答應馬上就來，結果等了大半天才見到他的身影。他懶洋洋地問住戶：「現在情況怎麼樣啦？」

住戶說：「還好，在等你的時候，孩子們已經學會游泳了。」

這位住戶雖然說的太誇張，但鈍化攻擊的鋒芒，淡化了對修理工的不滿攻擊。要是住戶沒有原諒修理工的心理，直接斥責，如果修理工性格不好，定會扭頭而去。這裡，修理工在笑的同時定有心愧之感。所以，鈍化攻擊幽默之法在人際交往中的作用非同小可。

▌偷換概念法

偷換概念法就是把概念的內涵暗暗地偷換或轉移，概念被偷換得越離譜、越隱蔽，概念的內涵差距越大，幽默的效果越強烈。

因為幽默是一種情感思維方法，它與人們通常的理性思維方法有相同之處，也有不同之處。對相同之處，人們不用細心鑽研，就可以自發地掌握；而對於不同之處，許多幽默感很強的人雖已掌握，但不知其所以然，往往以通常的思維方式去代替幽默的思維方法，其結果自然是幽默的消失。

老師：「今天我們來教減法。比如說，如果你哥哥有五個蘋果，你從他那裡拿走三個，結果怎麼樣？」

孩子：「結果嘛，結果他肯定會揍我一頓。」

對於數學來說這完全是愚蠢的，因為偷換了概念。老師講的「結果怎樣」的含義很明顯是指還剩下多少的意思，屬於數量關係的範疇，可是孩子卻把它轉移到未經哥哥允許拿走了他的蘋果的人事關係上去了。

然而對於幽默感的形成來說，好就好在這樣的概念默默的轉移或偷換。仔細分析一下就可發現這段對話的設計者的匠心。他本可以讓教師問還剩餘多少，然而「剩餘」的概念在這樣的上下文中很難轉移，於是他改用了含義彈性比較大的「結果」。這就便於孩子把減去的結果偷偷轉化為蘋果的

結果。可以說，這一類幽默感的構成，其功力就在於偷偷地無聲無息地把概念的內涵作大幅度的轉移。有一條規律：偷換得越是隱蔽，概念的內涵差距越大，幽默的效果越是強烈。

幽默的回答卻轉移了概念的真正所指，突然打破了這種預期。預期的失落，產生了意外，這還不算幽默感的完成，幽默感的完成在於意外之後猛然的發現。

概念被偷換了以後道理上也居然講得通，雖然不是很通、真通，而是一種「歪通」，正是這種「歪通」，顯示了對方的機智、狡黠和奇妙的情趣。

概念被偷換得越是離譜，所引起的預期的失落、意外的震驚越強，概念之間的差距掩蓋得越是隱祕，發現越是自然，可接受性也越大。

在許多幽默故事中，趣味的奇特和思維的深刻，並不總是平衡的，有時主要給人以趣味的滿足，有時則主要給人以智慧的啟迪，但是最重要的還是幽默的奇趣，因為它是使幽默之所以成為幽默的因素。如果沒有奇趣，則什麼啟迪也談不上。

編輯：「你的稿子我看過了，總的來說藝術上不夠成熟，稍顯幼稚。」

作者：「那就把它當作兒童文學吧。」

作者的回答不但有趣昧，而且隱含自謙之意與大度之懷。

誇大其詞法

運用誇張對生活中的小事進行極力誇大、渲染，以反映出生活中的錯誤和乖謬之外，以及人的滑稽可笑之點。

這裡所說的「誇大」與修辭格的誇張有點不同，主要是指講話者把自己的經歷或能力或所見所聞用令人吃驚的語言渲染、吹噓到離奇怪誕乃至荒唐的程度。

誇大常用來吹牛，吹牛者神吹海聊，以博一樂。

有兩個人相互吹噓自己國家的橋高。甲：「在我們國家的那座橋上，一個人如果想自殺，十分鐘後才能落水淹死。」

乙：「這算什麼？在我們國家的那座橋上，一個人想跳下去自殺，你猜他是怎麼死的？是餓死的。」

有兩個人相互吹噓自己國家的機器技術先進。

甲：「我們國家發明了一種機器，只要把一頭豬推到機器的入口處，然後轉動把手，香腸便會從機器的另一端源源出來。」

乙：「這種機器早已過時了。我們國家現在發明了一種機器，如果你覺得香腸不合口味，只要將把手倒轉一下，豬便會從原來的入口處退出來。」

真正的神侃海吹，聽眾自然大笑不止。

運用誇大其詞法來製造幽默，離不開豐富的想像力。只有那些具有卓越的想像力，方能產生出令人驚嘆的高級幽默味。

　　同樣是拿自己的肥胖逗樂，這裡就有兩個高品味的幽默：

　　一位著名的美國女演員說：「我不敢穿上白色的游泳衣去海邊游泳，我一去，飛過上空的美國空軍一定會大為緊張，以為他們發現了古巴。」

　　另一位英國女作家曾風趣地說：「我比別人親切三倍。因為我要是在公車上讓座，那位子可以坐下三個人。」

　　這兩個幽默都用了誇張渲染法，但由於他們各自豐富的想像力，所以毫不相同，且各具魅力。所以這種絕妙的誇張，往往能使人忽略了他們身體肥胖臃腫的一面，而能從他們這種雍容自信中感受到一種享受人生的樂觀生活態度。

　　此外，「順竿爬」也是誇大其詞法中一種簡單易行的幽默方法。「順竿爬」就是根據現有條件進行「合理想像」和似是而非的邏輯推理，將結果極力誇張、渲染、變形，產生諧謔的效果。

　　只要笑看人生，笑看自己，你便會體會到幽默的精義。

第十章　熟讀幽默三百篇

　　古人云：熟讀唐詩三百首，不會吟詩也會謅。對於寫作古體詩來說，學習與掌握格律、平仄等理性知識固然重要，但尚需透過熟讀大量精品以提高對詩的感性認識。唐詩是古體詩發展的一個巔峰時刻，因此，熟讀了大量的唐詩，不會吟詩也能謅幾句了。

　　學習幽默也同樣需要熟讀大量精品。在品味他人創作的幽默時，我們也能對幽默的構成有一個更加感性的認識。

　　腹有詩書氣自華，說的是一個人讀的書多了，其氣質自然而然就光彩照人、卓爾不凡。對於幽默，又何嘗不是如此呢？一個滿肚子裝著幽默的，他幽默的氣質會自然而然顯示出來。

　　這就是我們為什麼要在本章精選一些來自於各種載體的幽默的原因。現在，請坐下來，泡上一杯綠茶，讓自己的精神來一段愉快的旅行吧。

▍童趣幽默

● 偷果子

　　果園裡的李子熟了，園丁發現鄰居的孩子躲在一棵李子樹上。園丁想好好嚇唬一下這個淘氣小子，就喊道：

　　「好哇！你給我趕快爬下來！不然的話，我要去找你爸爸告你一狀！」

　　「別費事了！」孩子笑嘻嘻回答說，「你瞧，爸爸在旁邊那棵樹上呢？」

● 什麼也看不見

媽媽:「明明,你到廚房裡去一下,看看電燈是否關上了!」

明明去了一下回來說:「媽媽,我不知道電燈關了沒有,那裡黑咕隆咚的,我根本看不見開關。」

● 雙胞胎洗澡

母親給兩雙胞胎洗澡後,把他們放到床上,其中一個哈哈大笑,母親問:「笑什麼?」他說:「你給哥哥洗了兩次,而我一次也沒洗。」

● 哭的原因

小孩哭著來找媽媽。

「怎麼了,孩子?」

「爸爸不小心,榔頭砸著他自己的手指頭兒了。」

「你哭什麼?」

「因為我剛才笑了……」

● 玩遊戲

「我們玩動物園的遊戲吧!」6歲的卡爾對小妹妹說:

「怎麼玩?」

「很簡單,我當小猴,你當遊客,餵我核桃、花生和巧克力。」

● **梨與蘋果**

「如果你有一個梨，我再給你兩個，你會有幾個梨，麗莎？」

「不知道。我們學校算算術用的都是蘋果。」

● **迷路的孩子**

警察問一個迷路的小男孩：「小朋友，你叫什麼名字？」

小孩說：「我爸爸叫我心肝，媽媽叫我寶貝，爺爺叫我小祖宗，姥姥叫我白眼狼。」

● **爸爸的名字**

在幼兒園開學，老師問一個小女孩的父親叫什麼名字。

「他叫爸爸。」女孩回答。

「這個我知道。」教師說：「可是你媽媽怎樣喊他的呢？」

「死鬼！」小女孩立即回答。

● **不會讓你死的**

小文幼兒園畢業了，剛上小學一年級，期中考試前他問媽媽：「如果我考全班第一名，你會怎樣？」

媽媽說：「你上學才兩個多月，能考第一名，我真高興死了！」

小文說：「媽媽，不要擔心，我不會讓你死的。」

● 孫子和奶奶

奶奶看見孫子小兵在地上到處爬，弄得衣服髒得要命。她生氣地對孫子說：「小兵，看，你的衣服把地板上的灰塵都擦乾淨了，你叫我對你說什麼好呢？」

小兵：「奶奶，你應當對我說『謝謝』。」

● 吃藥

安安不願意吃藥，媽媽嚇唬他說：「快點把藥吃下去，要不我就去叫大灰狼來了。」

安安：「媽媽，大灰狼很喜歡吃藥嗎？」

● 露馬腳

湯姆想得到更長的假日，他裝作父親的聲音打電話給他的老師：「湯姆躺在床上生病呢，老師，我想他大概有三四天不能去上學了。」

「哦，」老師說，「聽到這個消息我很難過，不過，這是誰在對我說話啊？」

「我爸爸，老師。」

● 最糟糕的事

媽媽：「難道還有什麼事情比我們咬開一個蘋果時，發現裡面有一條蟲子更糟糕的嗎？」

兒子：「有，發現蟲子只剩下半條了。」

● 零件多了

「爸爸，我把電視機拆散了又重新裝好了，是想看看裡面的構造。」

「謝天謝地，你沒有弄丟零件吧？」

「沒有，還多出了十幾件呢。」

● 投其所好

全家人駕車郊遊。兒子坐在靠窗處。

「媽媽，媽媽！看，母牛！」

「弟弟，弟弟！看，山羊！」

「爸爸，爸爸！看，金髮女郎！」

● 去應酬

丈夫打電話來，說今晚有應酬，不能回家吃飯了。兒子問：「媽媽，什麼是應酬？」

媽媽向兒子解釋：「不想去，但是不得不去，就叫應酬。」

兒子恍然大悟。第二天早上他要上學了，向媽媽說：「媽媽，我要去應酬了。」

● 豬的兒子

父親：「你這麼笨，真是個小豬玀！你知道小豬玀是什麼嗎？」

兒子：「知道，它是豬的兒子。」

● **反義詞**

爸爸：「聽說你正在學反義詞，那麼，我問你：『好』的反義詞是什麼？」

兒子：「不好。」

爸爸：「『黑』呢？」

兒子：「不黑。」

爸爸：「混帳！」

兒子：「不混帳！」

● **與名人相比**

一位父親教育自己的孩子說：「你應該好好學習呀！你知道嗎？林肯在你這個年齡的時候，是班裡最好的學生。」

孩子說：「是啊！我可知道，林肯在你這個年齡的時候，已經是美國總統了。」

● **出入狗洞**

有個叫張吳興的小孩，聰明伶俐，不同凡響。

他 8 歲換牙，脫落了兩顆門牙，長輩便開他玩笑道：「你嘴裡為什麼開了個狗洞？」

小孩應聲道：「就是為了讓你們進出方便啊！」

● **發現美洲**

教師在課堂上提問：「這是一幅世界地圖，誰能指出美洲在哪裡？」

尼克走到地圖前，指出了美洲在地圖上的位置。

教師又問：「好，孩子們，告訴我，誰發現了美洲？」

孩子們異口同聲地回答：「尼克！」

● **怎麼引起戰爭**

兒子問父親，戰爭是怎麼引起的。

父親：「例如，法國和義大利之間發生什麼爭執的話……」

母親：「不對，法國和義大利絕對沒什麼爭執。」

父親：「我知道，我這裡只不過使用了假定法……」

母親：「這樣對孩子的教育不利！」

父親：「沒什麼，不要緊的！」

母親：「沒什麼？！不行！」

父親：「討厭！」

兒子：「爸爸，我知道了，我知道戰爭是怎麼引起的了。」

● **快逃**

一位老先生沿街緩緩地行走看見一個小孩想按一下門鈴，但門鈴太高，怎麼也按不到。心地善良的老人停下來對孩子說：「我來幫你按吧。」於是他幫助小孩按響了鈴。

小孩這時卻對老先生說：「現在我們快逃！」

● **兩個笨蛋**

父親教兒子學算術：「一加一是多少？」

兒子：「不知道！」

父親：「是兩個，笨蛋，知道了嗎？」

兒子：「知道了！」

父親：「那麼，我和你，加起來是幾？」

兒子：「是兩笨蛋。」

▌校園幽默

● **無利潤投資**

「請舉例說明，什麼叫無利潤投資。」經濟學教授提問。

「帶自己的妹妹出去玩。」一個男學生答道。

● **發完試卷後**

監考老師：「試卷有不清楚的，可以舉手發問。」

同學：「老師！前面同學的試卷很不清楚，他都不問！」

● **度日如年**

老師問：「如果你只得一日的壽命，你最想到那裡去？」

學生答：「我會將最後的一天留在這間學校，這個教室。」

老師：「好感動啊！現在竟然有學生這般好學。」

學生：「因為這會讓我有度日如年的感覺。」

● **地球儀**

局長到某校視察，看見教室裡有個地球儀，便問學生甲：「你說說看，這地球儀為何傾斜二十三度半？」學生甲非常驚恐，答道：「不是我弄的。」此時，教室走進另一名學生乙。局長再問，學生乙答道：「你知道的，我也是剛進來，什麼也不知道。」局長疑惑地問教師這是怎麼一回事。教師滿懷歉意地說：「這不能怪他們，地球儀買來時，就已經是這樣子了。」校長見局長臉色越來越難看，連忙趨前解釋：「說來慚愧，」校長陪笑道：「因為學校經費有限，我們買的是地攤貨。」

● **不敢怕了**

教導主任是一個十分嚴厲的人，同學們既怕他，也恨他。他知道這種情況後，想緩和一下關係，於是召集同學們開會。在會上他指著一個同學問道：「都說你們很怕我，其實

我挺平易近人的，你說說，你怕我嗎？」這個學生怕他背後使壞，於是很堅決地說：「不怕！」主任很滿意這樣的回答，他又問另外一個同學：「你怕我嗎？」這個同學也趕緊說：「不怕。」連著問了幾個人，都說不怕。主任心裡有點高興，但仍板著臉，不願表露。這時，他發現了一個同學心不在焉，於是突然點了他的名字，然後大聲問他：「你怕我嗎？」可憐這位同學嚇得臉色都白了，他看著主任，哆哆嗦嗦地回答：「我，我……我再也不敢怕您了。」

● 東西

地理老師上課從來不用教學儀器，一天，校長去聽課，於是老師拿了一個地球儀去教室。上課時老師問學生：「今天我們教室多了一個什麼東西？」，同學們一起答到：「校長。」老師趕緊說：「校長不是個東西。」

● 以牙還牙

老師為了說明「回報」這個詞，向同學們舉例說：「當你們小的時候，爸爸媽媽給你們買牙矯正器，當爸爸媽媽老了之後，你們給他們買假牙。誰能用一個詞來概括這個行為？」全班鴉雀無聲片刻後，一個同學舉手站起來，得意地說：「是以牙還牙。」

● **言之有理**

化學課開始了，老師經過一通理論說教後，進入了實驗階段。「同學們注意了，」老師鄭重其事說：「我手上有一塊銀元，現在我要把它投進這杯硫酸裡面，回想一下我剛才講過的內容，銀元會溶解嗎？」立刻有一個聲音答道：「不會。」「為什麼？」老師追問道。「如果銀元會溶解的話，您一定捨不得投進硫酸裡面。」

● **重要目的**

教授在考試當天突然宣布延期考試，有個學生立即理直氣壯地站起來抗議，說延期會擾亂他溫習其他科目的計劃。教授立刻問，「你叫什麼名字？」

「張三。」學生的口氣有些軟化。「好吧，張三同學，我給你一個及格，而且免你參加考試，因為你有膽量據理直言，這正是教育的最重要目的。」

學生答道，「既然這樣，那麼，我的本名叫做李四。」

● **成績**

期中考試之後，數學老師要公布成績，他說：「九十分以上和八十分以上的人數一樣多；八十分以上和七十分以上的人數也一樣多。」話一說完，全班一陣歡呼，一位同學追問道：「那麼不及格的人數呢？」老師不疾不徐的回答：「不及格的人數和全班的人數一樣多。」

● **眼睛長在前面**

老師：「打雷時，閃電和雷聲同時發出，為什麼我們先看到閃電，後聽到雷聲？」

學生：「因為眼睛長在耳朵前邊。」

● **驗算**

一位監考老師正納悶的盯著一位學生在擲骰子，奇怪的是那學生同一題擲好幾次，便問那學生為什麼？

那學生用更為奇怪的眼神盯著老師，回答說：難道不用驗算嗎？

● **不敢當**

一個功課很差的學生在畢業前夕對他的英文老師說：「謝謝您，老師。我非常感謝您。我雖然畢業了，但您永遠是我的老師，如果您要我做什麼事情，千萬別客氣。」

「好吧，請替我做件事。」老師說，「千萬不要告訴別人我曾教過你英語。」

● **上課睡覺**

某生上課時睡覺，被老師發現。

老師：你為什麼在上課時睡覺？

某生：我沒睡覺哇！

老師：那你為什麼閉上眼睛？

某生：我在閉目沉思！

老師：那你為什麼直點頭？

某生：您剛才講得很有道理！

老師：那你為什麼直流口水？

某生：老師您說得津津有味！

● 孔夫子不懂英文

小孩成績差。考前，媽媽就帶他到孔廟求孔聖人開蒙。幾天過後。成績表發下來了，英文還是不及格。媽媽若有所悟地說：「這也難怪，孔夫子不懂英文。」

● 化石

地質系學生做野外實習，一個學生碰巧發現了一塊大化石。講師甲說這是一塊樹木化石，講師乙堅持是一根恐龍腿骨。雙方爭論不已。學生們不知道是誰說得對，但是他們知道兩位講師都要給他們的實習報告評分，於是一個聰明的同學在報告上寫，發現的是恐龍的木質拐杖。

● 歷史

歷史老師：為什麼早退？

同學：我有一個重要的約會。

歷史老師：歷史重要還是女友重要？

同學：如果我再遲到，她就要成為歷史了！

▌愛情幽默

● 遺物

男人：「我是你丈夫生前最好的戰友，我想要件他的遺物作為紀念，你能滿足我的願望嗎？夫人？」

女人：「我很高興滿足你的願望 —— 我就是他的遺物。」

● 英雄救美人

一個年輕美貌的女子，問一個消防員：「你為了救我出險，一定費了不少氣力吧？」

消防員：「可不是嗎？我曾打退了3個消防員，他們都搶著來救你呢！」

● 填表

肖恩騎自行車摔傷，得住院治療，一位年輕美貌的護士拿著表格讓他填。

肖恩填好，遞上表格，「還有什麼填漏的？」女護士問。

「有，」肖恩想了想說，「我是個單身漢。」

● 情應勢轉

年輕的約翰在約會出遊後，送瑪麗到家門口，然後熱情地說：「不和我吻別嗎？」

瑪麗矜持地說：「對不起，我和男孩子第一次約會，是不

與他接吻的。」

「啊！」約翰鍥而不捨地說，「那麼，最後一次呢？」

● 浪漫與浪費

一男一女在辦公室談起浪漫與浪費這一話題。

男：到底什麼叫浪漫？

女：明知道她不愛你，你還要送她一百朵玫瑰。

男：那什麼叫浪費？

女：明知道她愛你，你還要送他一百朵玫瑰。

● 絲巾的故事

某旅遊團安排不周，使一對陌生男女同住一室，當夜無話。早晨，女人對窗梳妝，怪風將她的絲巾吹到樹上，眼看就要出發，男人賣力爬到樹上取絲巾送給女人，不料女人一記重重耳朵扇到臉上，罵道：「笨蛋，樹這麼高爬上去了，床那麼低你爬不上來。」

● 同性戀

一天晚上，某男走進一間酒吧，沮喪的坐下，要了一杯啤酒。

服務生見他不開心。

便問道：「先生，為什麼這麼不開心？」

那男：「我喜歡男人，我的兄弟也是。」

服務生：「那是挺慘的，難道你家沒人喜歡女人嗎？」

那男：「有，我妹妹。」

● 愛情的差別

一個美國人和一個法國人在談論愛情。「在我們國家，」法國人說，「年輕人向姑娘求愛都是彬彬有禮、含情脈脈的。以後，兩人相愛了。最初，年輕人開始吻姑娘的指尖，而後是手、耳朵、脖子………」「我的上帝，」美國人嘆著氣說，「要是在我們美國，在這段時間，他們早已度完蜜月歸來了。」

● 提示

一天晚上，一位少女和一位英俊的男雇工在一條僻靜的鄉村道上並肩而行。僱員肩上背著一隻大桶，一手提著一隻肉雞，另一手拿著一根拐杖，同時還牽著一頭山羊。他倆走進了一條又長又靜的黑巷。

「我不敢跟你在這裡一道走，也許你想吻我哩！」

「我帶著這麼多的東西，怎麼可能？」男工問。

「嗯……」少女想了想，說：「假如你把拐杖插入泥中，將羊栓在上面而把雞放在桶裡呢？」

● 私奔

一位女孩跟一位男孩私奔了，搭著計程車到了車站。

要付錢時，司機回頭跟他們說：不用了，那位女孩的父親已經把車錢付清了……

● 正有此意

一位古板的老太太看電影時，前面坐的一對太親熱，她拍拍青年的肩頭說：「這是公共場所，你們難道沒有別的地方可以去嗎？」青年轉過身對她說：「啊！老太太，我正有此意，您能幫我勸勸她就好了！」

● 舞會

一個人頭攢動的舞會上，女孩沒有舞伴呆坐著，看到一個漂亮的年輕人向我走來，那女孩的心怦怦跳起來。

「你要跳舞嗎？」他愉快地問。

「是的。」女孩訥訥而語。

「好極了，」他說，「我能坐你的椅子嗎？」

● 扔花帶盆

「我站在女友的窗下對她唱情歌，她扔給我一枝花。」

「那你頭上的傷是怎麼回事？」

「她忘記把花從花盆裡取出來了。」

● 踢球

一個足球迷興致勃勃地對女朋友吹噓說：「對足球，就要像對情人一樣，要有纏的功夫。一雙腳要能像牛皮糖一樣黏

在足球上，那就絕了。」

女朋友：「然後呢，就一腳踢開，那才真叫絕呢！」

● 硬碰硬

甲：「喂，你介紹給我的那個女朋友，似乎是一個心腸很硬的姑娘。」

乙：「心腸硬？你要以硬對硬，鑽石是能打動她的心的。」

● 條件足夠

張三不敢當面向他的女友求婚，只得在電話上作遠程試探。

「我得了五百萬元遺產，一座別墅，一輛汽車，還有一艘遊艇，你答應嫁給我嗎？」

「當然答應你，麻煩你告訴我你是誰呀？」

● 項鍊刻字

在珠寶店，一位年輕人為他現在的女朋友選購了一個昂貴的項飾。珠寶商問：「要刻上您女朋友的名字嗎？」年輕人想了一會兒說：「不，就刻上『給我唯一的愛』，這樣萬一吹了，我還可以用！」

● **叔叔有錢**

「你和瑪麗的婚約撤消了嗎？」

「是的，她不願嫁給我，嫌我窮。」

「你沒有告訴她，你叔叔很有錢嗎？」

「告訴啦，所以她現在是我嬸嬸了。」

● **向誰求婚**

「我認識一個聰明的窮姑娘和一位愚蠢的闊小姐，你說，我向誰求婚呢？」

「當然是那個窮姑娘。」

「看得出，你的確是個誠實的朋友。」

「作為朋友，我還有個請求，把那闊小姐的地址趕緊告訴我。」

● **電視機**

一位姑娘走入婚姻介紹所，對工作人員說：「我感到太寂寞了！我有財產，什麼都不缺，只少一個丈夫。你能幫我介紹一個嗎？」

工作人員：「你要找什麼條件的？」

姑娘：「他必須討人喜歡，有教養，能說會道，喜愛運動，趣味廣泛，最重要的一條，我希望他能終日在家裡陪我，我想和他說話，他就開口；我感到厭煩了，他就別出聲。」

「我懂了，小姐。」工作人員耐心地聽完後說，「你需要的是一臺電視機。」

● 膽小鬼

一個年輕人天生膽小，雖然想與女朋友親近，就是沒有勇氣取得實質性進展。

一天晚上，他和女友在花園裡相會了，女友就想了一個鼓勵他親近自己的辦法，她對年輕人說：「聽人說，男人手臂的長度正好等於女子的腰圍，你相信不？」

年輕人：「你要不要我去找一條繩子來比比看？」

● 心跳

「媽，我發現傑克很愛我。」

「為什麼？」

「每當他擁抱我的時候，我都聽到他的心在怦怦地跳。」

「傻孩子，要當心啊，當年你爸就是在身上藏著一隻懷錶使我受騙的。」

▌職場幽默

● 理想職業

一位父親很想知道他兒子將選擇什麼樣的職業，於是問道：

「我想知道你喜歡做什麼？現在是你選擇的時候了。」

「我喜歡做什麼？爸爸，這很簡單，」年輕人說道，「我想整天坐著汽車兜風，而且口袋裡裝滿了錢。」

「你的職業總算是找到了。」父親宣布說，「你將是一位計程車司機。」

● **飛機降落**

一名年輕人應徵機場塔臺的工作，他透過了前面考試後，最後一關是口試。

考官：「有一架飛機準備降落，你從望遠鏡裡發現他的起落架沒有放，你會怎麼辦？」

考生：「我會立刻用無線電警告他。」

考官：「如果他沒有回答呢？」

考生：「我會立刻取出號誌，發送『危險！不得降落』訊號。」

考官：「可是他還是繼續下降。」

考生：「我會立刻打電話給我弟弟。」

考官：「你弟弟？他能做什麼？」

考生：「他不能做什麼，但是……他從來沒看過摔飛機……」

● 區別

當我花多一點時間 —— 我是遲鈍

當我的上司花多一點時間 —— 他是謹慎

當我不想做事 —— 我是懶惰

當我的上司不想做事 —— 他是太忙

當我自發做不是交辦的事情 —— 我是越界

換我上司做同樣的事 —— 他是創新

當我忽視小禮節 —— 我是粗魯

換我上司忽視 —— 他是大方不拘小節

當我配合上司 —— 我是拍馬屁

換我上司討好他的上司 —— 他是配合

當我開會時發言 —— 我是多嘴

換我上司發言 —— 他是發表高見

當我堅持立場 —— 我是頑固

換我上司採取同樣的立場 —— 他是有原則

當我努力上進 —— 我是愛表現

當我上司有同樣的表現 —— 他是勤勞打拚

當我神采奕奕 —— 我是裝模作樣

換我上司有同樣的表現 —— 他是渾身是勁

當我化妝打扮 —— 是故意引人注意

當我的上司化妝打扮 —— 是內外兼備

● 小小誤會

一位旅客乘一輛出租汽車出遊，半路上他輕拍司機肩膀想問點事。司機嚇得「哇——」地叫了起來。

「喔，對不起，」旅客抱歉地說道，「沒想到會嚇了你……」

「沒關係，小小的誤會。」司機答道，「我一向是開靈柩車的，剛改換駕計程車。」

● 職業習慣

蚊帳裡有兩隻蚊子，一隻喝飽了肚子，一隻肚子空空，妻子讓當檢察官的丈夫打蚊子。丈夫出手不凡，一掌拍死了那隻喝飽了血的胖蚊子，而對另一隻卻遲遲不下手，妻子問他為何不打，丈夫說：「證據不足。」

● 從善如流

柯德希：「律師先生，如果我在開庭之前送一隻肥鵝給法官，並附上我的名片，您認為怎樣？」

律師：「您發瘋了，您會立刻因賄賂法官而輸掉這場官司的！」

開庭的結果是柯德希贏了官司。第二天他得意地告訴律師：「我沒聽您的勸告，還是把鵝寄給了法官！」

律師懷疑地說：「這不可能！」

「可能的！」他解釋道：「只是我把對手的名片同鵝一起寄去了。」

● 如此說來

兩個年輕的神父同騎一輛自行車在路上飛馳，速度快得驚人，被警察攔住。

「你們不覺得太快了一點嗎？」警察問他們。

「不，我們覺得一點也不快。」神父一同辯解道。

「可是，如果你們照這樣的速度要出事故的！」

「不用怕，孩子，天主和我們同在。」一個神父說。

「如此說來，我更要罰你們的錢，因為三人不能同騎一輛自行車。」

● 也不是新手

這天中午，在道爾頓大街鐘樓附近又發生了一起車禍。但這次卻是罕見的幸運，被撞的行人腳上僅有幾處擦傷，而且都不大嚴重。

司機照例停下了車，在警察到來之前，他惱怒地對行人喊道：「為什麼不注意？要知道我是個熟練的駕駛員，開車 7 年從沒出過事！」

行人聞言大怒，立刻接過他的話頭說：「可我也不是新手，我步行已 46 年了！」

● 節約

她是個公務員，在印一份文件的時候，竟然忘了上面最近頒布的命令：

「為了厲行節約，請各位同仁盡量節省紙張，每張公文用紙兩旁留白，請由 4 公分縮減到 2 公分。」

這份文件印好呈上去之後，被退了下來，上級在旁邊批示：「此份文件不合規定，請重新影印。」

她一看批註，可傻了眼，這份文件共有 20 頁，重新影印事小，問題是要節省紙張，卻又要把這 20 張紙作廢，豈不太矛盾了？

幽默的她並沒有照著上面的意思重新影印，只是將這 20 頁的兩旁留白，用裁紙機各切去了 2 公分。

當她重新將文件呈遞上去時，另外附上了一張小紙條，紙條上寫著：

「奉行節約命令，已經節省了 20 頁（減去 20x4 公分）的紙張。」

● 真的很棒

某公司主管在他的部門巡視時，看到一個坐在辦公桌後精疲力竭的員工，於是給了他一個忠告：「連續兩週，我每天中午都回家讓我老婆服侍，那真的很棒而且有助於疲勞的舒解，你應該試試。」

兩個禮拜後，他又到部門巡視，看到上次那個員工生龍活虎一臉愉快的樣子。到處都是傳真的文件，電腦也不停地運行。

「看來，你的確接受了我的忠告？」

「是啊！」那員工回答，「那真的很棒，只是我沒想到你住的地方那麼豪華！」

● 你想讓它等於多少

一個商人正在接見申請總會計師職位的人。他問每一個申請人：「200 萬加 200 萬等於多少？」

頭兩個申請人毫不猶豫地答：「400 萬。」兩人都沒得到工作。

當問到第三個申請人時，他站了起來，把門關上，拉上了窗簾，然後小聲地問：「你想讓它等於多少？」

他被錄用了。

▌名人幽默

● 無齒之徒

一次，建設學家梁思成做古建築的維修問題學術報告。演講開始，他說：「我是個『無齒之徒』。」演堂為之愕然，以為是「無恥之徒」。這時，梁思成說：「我的牙齒沒有了，後來在美國裝上這副假牙，因為上了年紀，所以不是純白

色的，略帶點黃，因此看不出是假牙，這就叫做『整舊如舊』。我們修理古建築也要這樣，不能煥然一新。」

● **如果**

溫斯頓·邱吉爾是世界著名的政治領袖。他在擔任英國首相期間，一次，他的政治對手阿斯特夫人對他說：「如果我是您夫人，我一定會在您的咖啡裡放毒。」邱吉爾聽了，笑著說：「如果我是您丈夫，我一定會把這杯咖啡喝下去。」

● **嚐出來了**

將軍為了顯示他對部下生活福利的關心，搞了一次參觀士兵食堂的突然襲擊。在食堂裡，他看見兩個士兵站在一個大湯鍋前。「讓我嚐嚐這湯。」他命令道。

「可是，將軍……」

「沒什麼『可是』，給我勺子！」將軍拿過勺子喝了一大口，怒斥道，「太不像話了，怎麼能給戰士喝這個？這簡直就是刷鍋水！」

「我正想告訴您這是刷鍋水，沒想到您已經嚐出來了。」士兵答道。

● **拍最好的一面**

有一位電影明星向著名導演希區考克嘮叨攝影機的角度問題，她一次又一次告訴他，務必選擇她最好的一面來拍

攝。抱歉，做不到，希區考克說：我們沒法去拍你最好的一面，因為你現在正把它壓在椅子上。

● 不同之處

有人問哲學家亞里士多德：「你和平庸人有什麼不同？」

「他們活著是為了吃飯，而我吃飯是為了活著。」哲學家回答說。

● 慢性毒藥

伏爾泰的咖啡癮很大，一生中喝了數量驚人的咖啡。

有個好心人曾告誡他說：「別再喝咖啡，這是一種慢性毒藥，你是在慢性自殺！」

「你說得很對，我想它一定是慢性的。」這位年邁的哲學家說，「要不然，為什麼我已經喝了 65 年還沒有死呢。」

● 搖頭

一次，與邱吉爾共事的一個議員在議會上演說，看到邱吉爾在搖頭表示不同意他的觀點，便說：「我想提請尊敬的議員們注意，我只是在發表自己的意見。」邱吉爾對答：「我也想提請演講者注意我只是在搖我自己的頭！」

● 困難的謙虛

有一次基辛格應邀演講。經介紹後，聽眾起立，鼓掌不斷。最後掌聲終於停了下來，聽眾坐了下來，「我要感謝你

們停止鼓掌，」基辛格說：「要我長時間表示謙虛是很困難的事。」

● 同中見異

有一次，拳王阿里參加一次盛大宴會。席間，主人把一位鋼琴家介紹給他。鋼琴家幽默地說——「我們是同行，都是以手謀生！」阿里回答——「而你是出色的。你身上沒有一個傷疤！」

● 木匠和紳士

詩人喬治出身於一個木匠的家庭。他在上流社會中從不隱諱自己的出身。

有個貴族子弟嫉妒他的才華，在眾人面前想出出他的洋相，就高聲地問道：「對不起，請問閣下的父親是不是木匠？」

「不錯，您說得很對。」詩人回答。

「那他為什麼沒把你培養成木匠？」

喬治微笑著，很有禮貌地反問：「對不起，那閣下的父親想必是紳士了？」

「那當然！」這位貴族子弟傲氣十足地回答。

「那他怎麼沒把你培養成紳士呢？」

電子書購買

國家圖書館出版品預行編目資料

擺脫尷尬並不難，只要笑話講不完：職業輻射法、創意聯想法、機智遊戲法、童心稚語法，幽默除了能言善道，更要讓人意想不到！/ 吳馥寶，蕭勝平編著. -- 第一版. -- 臺北市：崧燁文化事業有限公司, 2023.02
面；　公分
POD 版
ISBN 978-626-332-965-2(平裝)
1.CST: 幽默 2.CST: 說話藝術
185.8　　111019575

擺脫尷尬並不難，只要笑話講不完：職業輻射法、創意聯想法、機智遊戲法、童心稚語法，幽默除了能言善道，更要讓人意想不到！

臉書

編　　著：吳馥寶，蕭勝平
發 行 人：黃振庭
出 版 者：崧燁文化事業有限公司
發 行 者：崧燁文化事業有限公司
E - m a i l：sonbookservice@gmail.com
粉 絲 頁：https://www.facebook.com/sonbookss/
網　　址：https://sonbook.net/
地　　址：台北市中正區重慶南路一段六十一號八樓 815 室
Rm. 815, 8F., No.61, Sec. 1, Chongqing S. Rd., Zhongzheng Dist., Taipei City 100, Taiwan
電　　話：(02) 2370-3310　　　傳　　真：(02) 2388-1990
印　　刷：京峯彩色印刷有限公司（京峰數位）
律師顧問：廣華律師事務所 張珮琦律師

定　　價：375 元
發行日期：2023 年 02 月第一版
◎本書以 POD 印製